für Kinder ab 3 Jahren

Inhalt

- 04 Geschenke der Natur
- 06 Allgemeine Anleitung

10 Frühlingswonne

- 12 Kaffeeklatsch
- 13 Wurmturm
- 14 Zapfen & Co.
- 15 Astgabelrasseln
- 16 Kleiner Hof
- 18 Wahre Wurmwunder
- 20 Schöne Schilder
- 21 Jonglierbälle
- 22 Ist ja schaaaf!
- 23 Wahrhaft würzig!
- 24 Heitere Henne
- 26 Cooler Kumpel
- 28 Kleiner Stadtfuchs
- 30 Tanzende Hasen
- 32 Kleine Raupe
- 33 Stein-Trio
- 34 Bunte Federschau
- 35 Bunter Osterspaß
- 36 Zum Muttertag
- 38 Ei am Stiel
- 39 Eierkopf & Co.
- 40 Raffinierte Körbchen

42 Sommerfreude

- 44 Strandbilder
- 46 Zarte Schmetterlinge
- 47 Luftballonrassel
- 48 Blumen-Buchstütze
- 49 Tierische Schachteln
- 50 Sommerferien!
- 51 Blüten-Mandala
- 52 Meerjungfrauen
- 54 Tapferer Ritter
- 56 Montagsmaler
- 58 Ahoi, Piraten!
- 60 Muschel-Ballerinas
- 62 Pssst, geheim!
- 63 Freche Früchtchen
- 64 Konservenblumen
- 65 Samenbomben
- 66 Lavendelmännchen
- 68 Echt steinig
- 69 Blütenprinzessinnen
- 70 Feel the beat
- 72 Zauberhafte Grüße

74 Herbstjubel

- 76 Tierische Trophäe
- 78 Laub-Liebling
- 80 Volldampf
- 82 Bob Kürbiskopp
- 83 Lustige Fledermäuse
- 84 Nicht lange fackeln!
- 86 Kronjuwelen
- 87 Vögel und Blumen
- 88 Knochenmann
- 89 Schrumpfkopf
- 90 Villa Kunterbunt
- 92 Einfach dufte!
- 94 Wilde Hexen
- 96 Kokosnusstasche
- 97 Tatort
- 98 Herbstadel
- 99 Herbstblätterleuchte
- 100 Bei den Indianern
- 102 Holzungeheur
- 104 Keine Langeweile

106 Winterspaß

- 108 Niedliche Nikoläuse
- 109 Winterboten
- 110 Advents-Theater
- 111 Schmucker Baum
- 112 Geschenkpapier
- 113 Fang die Maus!
- 114 Nikolaus kommt
- 115 Glitzer Tannenbaum
- 116 Fruchtige Lampe
- 117 Kecker Nikolaus
- 118 Eiskalte Liebe
- 119 Haus vom Ni-ko-laus
- 120 Winterblume
- 122 Stroh zu Gold
- 124 Flauschige Filzkugeln
- 126 Filz-Füchslein
- 128 Aststern
- 130 Goldige Nüsse
- 131 Natürliche Schönheit
- 132 Dufte Geschenkidee
- 133 Fröhlicher Schneemann
- 134 Kugelrund!
- 135 Der Klassiker
- 136 Lustige Eisbären
- 138 Schneeflöckchen
- 139 Vogelfutter

- 140 Vorlagen
- 158 Buchtipps für dich
- 160 Impressum

Geschenke der Natur

Liebe Eltern!

In der Hektik des Alltags vollzieht sich der Wechsel der Jahreszeiten oft unbemerkt – und plötzlich sind schon wieder viele Monate ins Land gegangen. Nehmen Sie sich die Zeit, zusammen mit Ihren Kindern die Natur in ihrer Vielfältigkeit und Schönheit immer wieder aufs Neue zu entdecken. Ob beim ausgedehnten Schneespaziergang oder beim Sandburgen-bauen im Strandurlaub, ob bei einer Radtour durch den Herbstwald oder beim Picknick auf einer Frühlingswiese: Kinder finden das Besondere im Alltäglichen und entdecken die ganze Welt in einer einzigen Nussschale. Und die Natur bietet im Gegenzug so viele Dinge, die das kindliche Sammlerherz höher schlagen lassen.

Kinder besitzen viel Kreativität und Freude daran, etwas mit den Händen zu schaffen. Besonders schön ist es daher, wenn sie ihre gesammelten Fundstücke zu kunstvollen Werken verarbeiten können. Durch einfache Modelle können auch kleine Kinder ab drei Jahren sich farblich austoben und ihre Motorik in unterschiedlichen Techniken schulen. Anspruchsvollere Modelle versprechen ebenso älteren Kindern und bastelbegeisterten Erwachsenen gemütlich-kreative Tage im Kreise der Familie. Dabei führen wir Sie durch die unterschiedlichen Jahreszeiten und laden Sie ein, diese mit allen Sinnen zu erleben. Und ganz nebenbei entstehen wunderschöne Dekorationen für drinnen und draußen.

Kommen Sie mit auf eine kreativ-bunte Reise durch unsere wunderbare Natur – das sind Bastelhits für Kids mit Naturmaterialien!

Allgemeine Anleitung

Basteln mit kleinen Kindern heißt vor allem, Basteln zusammen mit einem Erwachsenen. Der Erwachsene leitet das Kind an, gibt aber nur so viel Hilfestellung, wie es benötigt. Das ist selbst bei Kindern der gleichen Altersgruppe völlig verschieden. Wichtig ist, dass die Kleinen ohne Leistungsdruck und mit viel Spaß basteln dürfen: Basteln ist Gehirnjogging – es fördert die motorische Entwicklung ungemein. Das macht Spaß, ist aber auch anstrengend. Außerdem können Kleinkinder beispielsweise einfach noch keine konkreten Formen wie Menschen oder Tiere malen. Wir sollten die Jungkünstler daher nicht mit unseren Erwartungen überfordern oder sie an ihren großen Geschwistern messen. Sie kennen Ihr Kind am besten. Also machen Sie ab und zu eine Pause – und loben Sie Ihren Sprössling auch mal!

Der Schwierigkeitsgrad einer Bastelidee zeigt an, wie viel motorisches Geschick der kleine Künstler benötigt. So sind die Abstufungen:

● ○ ○   leicht
● ● ○   mittel
● ● ●   anspruchsvoll

Außerdem finden Sie an jedem Modell eine Altersempfehlung.

BASTELN MIT PAPIER

Vorlagen übertragen

Vorlagen übertragen Sie schnell und einfach mit Kohlepapier. Basteln Sie mit größeren Kindergruppen, kann es sich anbieten, mit wiederverwendbaren Schablonen zu arbeiten. Ein Transparent- oder Architektenpapier auf die Vorlage legen und alle Motivteile mit Bleistift abpausen. Das Transparentpapier auf einen dünnen Karton kleben und die Motive sorgfältig ausschneiden. Die auf diese Weise entstandenen Schablonen auf das entsprechende Papier legen und mit Bleistift umfahren.

Papier schneiden

Beim Schneiden sollten Sie Ihrem Kind anfangs noch helfen: Führen Sie seine Hand oder lassen Sie es an einfachen, aufgezeichneten Formen üben. Benutzen Sie eine Kinderschere. Deren abgerundete Spitzen verringern das Verletzungsrisiko, und ihre Größe ist an Kinderhände angepasst. **Werden Elemente mit einem Cutter oder einer Haushaltsschere herausgetrennt, sollte dies in jedem Fall ein Erwachsener übernehmen!**

Dreidimensionale Papierarbeiten

Pappe und Papier sind stabile Werkstoffe, aus denen sich plastische, dreidimensionale Objekte bauen lassen. Greifen Sie dabei auf vorhandene Formen zurück: Aus einem Waschmaschinenkarton, einer Bananenkiste oder einer kleinen Schachtel, die zuvor eine Verpackung war, kann Ihr Kind mit etwas Fantasie schnell etwas Anschauliches entstehen lassen. Unterstützen Sie es dabei! Eine Idee mit Kartons gibt es auf Seite 112.

Tipp: Verwenden Sie lösungsmittelfreien Klebstoff. Er ist für kleine Kinder besonders gut geeignet, denn er lässt sich aus der Kleidung auswaschen. Noch besser eignet sich Kleister, denn er kann auch mit den Fingern aufgetragen werden.

Elterninfo

BASTELMATERIAL AUS DER NATUR

Alle Modelle und Motive aus diesem Buch wurden mit Material gefertigt, das aus der Natur kommt: verschiedene Blätter und Zapfen, Äste, Zweige, Beeren und Früchte, Kastanien und Nüsse, Körner, Samen, Mohnkapseln, Zier- und Speisekürbisse, Naturfasern, Steine, Muscheln – kurzum alles, was die Natur so reich und bunt macht.

Die Naturmaterialien sind teilweise auch schon im Fachhandel erhältlich und lassen sich hervorragend mit Naturpapieren, Tonkarton, Wellpappe, bunten Bastfäden, Holzperlen etc. kombinieren.

Hinweis: Da Fundstücke aus der Natur nie ganz gleich aussehen, fallen die gebastelten Figuren immer etwas anders aus. Die Motivhöhen können variieren und somit stimmen auch die Angaben auf den Vorlagen nicht genau überein. Passen Sie die Vorlage ggf. mit einem Fotokopierer entsprechend an!

Äste und Stöcke

In Naturschutzgebieten (zu erkennen am Schild: grünumrandetes weißes Dreieck mit schwarzem Adler) darf grundsätzlich nichts abgeschnitten werden. Falls Stöcke und Zweige benötigt werden, dann findet sich viel abgebrochenes oder auch gefälltes Holz auf dem Boden. Beim Gehölzschnitt im Garten fallen auch meistens schöne und bunte Hölzer zum Verbasteln an. Evtl. bei Freunden, Nachbarn und Verwandten nachfragen.

Besser ist es, kein frisches Holz zu verwenden, denn frisch geschnittenes Holz wird trocken und dadurch kleiner. Spätestens nach ein paar Tagen fängt der gebastelte Rahmen z.B. an zu wackeln und muss neu verdrahtet werden. Falls eine größere Aktion ansteht (Freizeit, Stadtranderholung, der Basar der Jugendgruppe oder Ähnliches) kann beim nächsten Grünabfalltag schon einiges an Hölzern gesammelt werden. Wenn das Holz dann Zeit zum Ablagern hat, umso besser.

GESICHTER

Die Gesichtslinien übertragen. Dafür die Vorlage auf Transparentpapier zeichnen, das Blatt wenden, die Linien mit einem weichen Blei- oder Buntstift nachziehen und diese Seite auflegen. Mit einem Stift alle Linien noch einmal nachzeichnen, so wird die Blei- oder Buntstiftlinie übertragen.

Die Augen und Nasen der Figuren sind häufig aufgemalt. Dünne Linien zieht man am einfachsten mit feinen wasserfesten Filzstiften oder malt sie mit Acrylfarbe und einem feinen Pinsel auf. Augenpunkte können mit der Pinselrückseite aufgetupft werden. Die Nasen aufmalen oder halbierte Holzperlen, Plüschpompons, Wattekugeln oder Beeren und Früchte aufkleben.

Wangen mit Buntstift röten

1 Die Anspitzreste von einem roten Buntstift auf ein Blatt Papier geben. Mit einem Finger die Reste aufnehmen und auf die Wangen kreisförmig aufreiben. Je fester man reibt, desto intensiver wird der Farbauftrag.

2 Die übrigen Farbpartikel einfach vorsichtig abpusten.

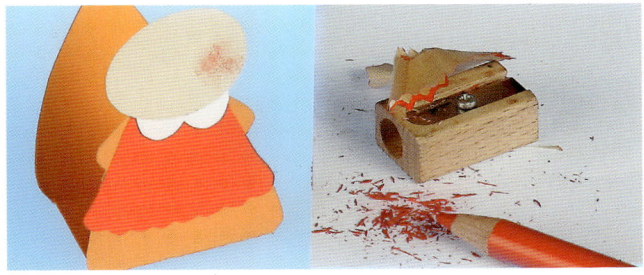

ZWEIGE SCHNEIDEN

Am wichtigsten beim Schneiden ist ein gutes Taschenmesser. Es sollte eine große und eine kleine Klinge haben. Die kleine Klinge ist für das Schnitzen wichtig. Beide Klingen sollten scharf sein. Mit einem Messer, das gut schneidet, verletzt man sich viel seltener und kann Schnitte leicht ausführen. Mit einem stumpfen Messer rutscht man leichter ab und es besteht damit eine höhere Verletzungsgefahr. Einige Grundregeln müssen beachtet werden:

1 Das Messer immer vom Körper weg bewegen.

2 Schneiden bedeutet nicht drücken. Die Klinge nicht nur nach vorne schieben, sondern auch seitlich nach außen ziehen.

3 Zweige werden nicht quer durchgetrennt – das geht nur mit der Baumschere oder der Säge. Mit dem Messer führt man einen Schrägschnitt durch, also etwa 5 cm bis 10 cm lang schräg zur Wachstumsrichtung.

4 Bei dicken Ästen muss man zum Abtrennen mehrere Schnitte ansetzen. Entweder ringsherum oder jedes Mal dicht hinter dem vorherigen Schnitt einschneiden.

HOLZ-MINIS

Auf den Seiten 100/101 flitzen kleine Holz-Minis herum. Dazu bitte Folgendes beachten:

Zusätzliche Materialien und Hilfsmittel

Für die Holz-Minis braucht man frisch geschnittene und abgelagerte Zweige und Äste von Weide, Hasel, Holunder etc., Hammer, Schnitzmesser, Rücken- oder Dekupiersäge.

Zweistücke oder Holzperlen spalten

Das Aststück auf ein Ende stellen, das Schnitzmesser aufsetzen und mit einem leichten Hammerschlag spalten. Bei längeren Aststücken die Klinge so aufsetzen, dass die Spitze des Schnitzmessers übersteht. Mit dem Hammer mehrfach leicht auf die Spitze schlagen, bis das Aststück vollständig gespalten ist.

Beim Spalten einer Holzperle die Klinge mitten auf der Bohrung aufsetzen und diese mit einem leichten Hammerschlag teilen.

Hinweis: Hierbei sollte auf alle Fälle ein Erwachsener helfen!

EIERLEI

Bastelideen aus Eiern dürfen in diesem Buch natürlich keinesfalls fehlen, vor allen Dingen nicht zur Osterzeit. Das Ausblasen und Anmalen geht gar nicht mal so schwierig, wie man denkt.

Eier ausblasen

Das Ei mit Wasser und Bürste säubern. Oben und unten ein ca. ø 1,5 mm großes Loch stechen. Mit einer kleinen spitzen Schere das untere Loch auf ø 3 mm vergrößern, sodass dort ein Holzspießchen hineinpasst. Den Eidotter mit einem Holzspießchen zerstechen. Das Ei mit dem Mund über einer Schüssel ausblasen.

Eier bemalen

Das ausgeblasene Ei auf ein Holzspießchen stecken und oben und unten mit einem Gummiband oder ein wenig Knetmasse fixieren, damit es nicht verrutschen kann. Dann das Ei in die Farbe tauchen oder bemalen und zum Trocknen mit dem Holzspießchen in einen Topf mit Sand stecken.

Aufhängung der Ostereier

Als Aufhängung können Bänder, Garne, Bast oder Draht verwendet werden.

Ausgeblasene Ostereier lassen sich am besten auf die beiden folgenden Arten aufhängen:

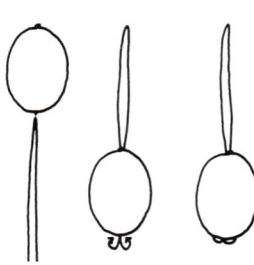

Vom Wickeldraht (ø 0,5 mm) ein ca. 50 cm langes Stück abschneiden und dieses eng in der Mitte zusammenlegen. Diese Knickstelle zuerst durch das kleine, dann durch das große Loch im Ei ziehen. Den Draht so weit durch die Eierlöcher stecken, bis unten die beiden Drahtenden ca. 2 cm weit herausstehen. Die zwei

Elterninfo

Enden etwas auseinander drücken, zu einer ca. 1 cm langen Lasche biegen und wieder in das Loch zurückstecken.

Alternativ hierzu kann man auch einen Zahnstocher oder ein Streichholz auf ca. 1 cm kürzen, mehrmals einen Nähfaden (oder ein anderes Aufhängeband bzw. -garn) darum herum wickeln und verknoten. Dann den Zahnstocher oder das Streichholz in die Öffnung vom Ei schieben, das Ei vorsichtig schütteln und dann am Faden etwas ziehen. Das Holz stellt sich nun quer vor die Öffnung. Den Faden zu einer Aufhängeschlaufe verknoten.

ARBEITEN MIT SALZTEIG

Salzteig wird für die Modelle von Seite 12/13 und 117 verwendet. Hier steht, wie's geht.

Salzteig-Rezept

2 Tassen Mehl
1 Tasse Salz
knapp 1 Tasse Wasser
einige Tropfen Speiseöl

1 Das Mehl mit dem Salz mischen, das Wasser nach und nach unterrühren. Der Masse zusätzlich ein paar Tropfen Speiseöl zufügen. Den Teig gut durchkneten. Etwa 20 Minuten ruhen lassen und nochmals kneten.

2 Der Teig sollte elastisch sein. Ist er zu weich, etwas Mehl dazugeben; ist er zu trocken, tropfenweise Wasser hinzufügen.

3 Der fertige Teig lässt sich am besten in einer Plastikschüssel mit Deckel aufbewahren. Auch während des Modellierens den restlichen Teig immer wieder zudecken, damit er nicht austrocknet. Er kann ca. 2–3 Tage lang verarbeitet werden.

Färben des Teigs

Salzteig kann vor dem Modellieren auf verschiedene Weise eingefärbt werden: nämlich mithilfe von Lebensmittelfarben, durch Gewürzpulver wie Curry und Paprika oder durch Kakao. Einen dunkleren Farbton erhält man, wenn man den Teig vor dem Backen mit Wasser bestreicht.

Zusammenfügen einzelner Teile

Sollen zwei Teile aufeinander oder mehrere Teile aneinander gefügt werden, so werden die betreffenden Stellen mit Wasser befeuchtet und sanft zusammengedrückt, um die Teile „festzukleben".

FILZEN MIT DER NADEL

Diese allgemeine Anleitung hier ist wichtig, wenn Sie die Kugeln von Seite 124/125 nachmachen möchten.

Märchenwolle bzw. Wollvlies auf der Filzunterlage, z.B. einer Styropor- oder Schaumstoffplatte oder einem großen Haushaltsschwamm, in Form legen und mit der Filznadel wiederholt einstechen. Immer wieder die Wolle von der Unterlage lösen und – bei dreidimensionalen Objekten – von allen Seiten einstechen. Dabei verdichtet sich die Wolle, verfilzt also, und nimmt vom Volumen her ab. Man kann immer wieder neue Wollfasern anlegen und mit der Nadel feststechen, bis das gewünschte Volumen erreicht ist.

POMPONS WICKELN MIT PAPPSCHABLONEN

Mithilfe der Vorlagen auf Seite 152 zwei identische Pappschablonen anfertigen. Die Schablonen aufeinanderlegen und mit Wolle umwickeln. Dazu am besten einen langen Wollfaden in eine dicke Stopfnadel fädeln und wie abgebildet in festen Schlingen um die Pappringe winden. Wenn das Loch in der Mitte der Pappschablonen ausgefüllt ist, die Wolle ringsum mit der Schere aufschneiden und zwischen den Pappringen mit einem Wollfaden abbinden. Die Pappschablonen einreißen und entfernen, dann den Pompon nach Belieben in Form schneiden.

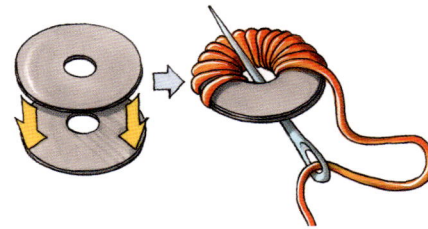

STROHSTERNE

Die Strohhalme etwa 20 Minuten in Wasser einlegen. So werden sie geschmeidiger. Damit die Strohsterne gelingen, benötigen Sie eine Legeform. Diese können Sie im Fachhandel erwerben.

1 Drei Halme in 11 cm lange Stücke zuschneiden. Als erste Lage zwei Halme über Kreuz in die Legeform legen.

2 Legen Sie nun darüber nochmals zwei Halme über Kreuz.

3 Zum Abschluss die dritte Lage in die Legeform legen und mit einem Gummiband den letzten Halm sichern. Auf diese Weise sind sämtliche Strohhalme fixiert.

4 Den roten Bindfaden zuerst über den gesicherten Halm legen. Den Faden weiter um die Halme schlingen, sodass diese fixiert werden. Mit dem Bindfaden zwei Runden über und unter die Halme weben, dann den Faden verknoten und abschneiden. Den fertigen Stern nochmals in die Legeform einlegen und die Enden gleichmäßig schräg abschneiden.

Frühlings-wonne

Wie wunderbar ist es, wenn im Frühjahr die ersten Blütenspitzen aus der Erde ragen. Schon bald leuchten die Blumen in bunten Farben, die Bäume tragen ein sattes Grün. Die Sonne scheint immer kräftiger und lädt dich auf eine erste Entdeckungstour im Garten ein. Die Natur schenkt uns nun allerlei Gaben, mit denen es sich herrlich basteln lässt. Ob zart duftende Moosflechten oder zerbrechliche Ostereier – schau dich nur aufmerksam um!

Kaffeeklatsch
mit Puppe und Teddy

Motivhöhe
ca. 2-8 cm

Das brauchst du
- Salzteig
- Acrylfarbe in Braun, Weiß, Rot, Ocker, Rosa, Reseda, Pink, Flieder, Hellblau und Zitronengelb
- Plusterfarbe in Weiß
- Rundholzstab, ø 3 mm, 15 cm lang
- Konfektförmchen aus Papier
- Bügelsäge

Vorlage
Seite 140

Torte

1. Rolle als erstes den Salzteig für die Torte 3,5 cm dick aus und schneide 6 Tortenstücke nach Vorlage aus. Setze auf jedes Stück eine flach gedrückte Kugel mit ø 1 cm als Sahne und darauf eine kleine Kugel (ø 5 mm) als Kirsche.

2. Lass dir beim Backen des Teigs helfen. Achtung, nicht verbrennen! Wenn der Teig ausgekühlt ist, mit Farbe lackieren.

Pralinen

1. Für die quadratischen und runden Pralinen den Teig ca. 2 cm dick ausrollen und ausschneiden. Die Blätter bzw. das Herz sind aus einer 5 mm dicken Salzteigplatte geschnitten. Rolle für die Rosen ein flach gedrücktes Oval mit einer Größe von ca. 1,5 cm x 3 cm zur Blüte zusammen und setze es auf die Praline.

2. Die „Schoko"-Pralinenkugeln haben einen Durchmesser von 2 cm.

3. Lass dir beim Backen des Salzteigs am besten helfen. Nach dem Auskühlen die Pralinen wie in der Abbildung bemalen. Die Verzierungen mit Plusterfarbe aufbringen und alles lackieren. Setze die fertigen Pralinen in Konfektförmchen.

Lutscher

1. Die Lutscher sind aus 1 cm dickem Salzteig gefertigt. Schneide diese gemäß der Vorlage zu und drücke auf der Unterseite mit dem Rundholzstab jeweils ein 1 cm tiefes Loch in den Teig.

2. Lass dir beim Backen wieder von einem Erwachsenen helfen. Nach dem Auskühlen und Bemalen der Motive mit Acrylfarben und Plusterstiften den Rundholzstab in drei Teile von je 5 cm zersägen. Male die Stiele weiß an und klebe sie nach dem Trocknen mit Alleskleber in die Löcher. Zum Schluss wird alles lackiert.

Wurmturm
bunte Gartengesellen

Motivhöhe
ca. 45 cm

Das brauchst du

- Tontopf, ø 2,5 cm, ø 3,5 cm, ø 5 cm, ø 6 cm, ø 8 cm, ø 11 cm
- Acrylfarben in Rosa, Grün und Gelb (alternativ Schulmalfarben)
- Paketband, 50 cm lang
- 6 Stöckchen, etwa 3-5 cm lang
- 2 Wackelaugen
- 4 Handvoll Stroh
- Pinsel
- 2 Wackelaugen
- Universallackspray in Transparent

1. Bemale die Tontöpfe in deinen Lieblingsfarben und lasse sie trocknen. Ordne sie dann der Größe nach.

2. Besprühe die Tontöpfchen mit Transparentlack. Trocknen lassen. Knote unterdessen an jedes Paketbandende ein Stöckchen, sodass dieses quersteht.

3. Fädle das Band jeweils durch die Bodenlöcher der Tontöpfe.

4. Fädle nun die Tontöpfe auf das Band auf. Wenn du beim Kleinsten angelangt bist knote am Ende wieder ein Stöckchen quer, damit sich das Band nicht zurückzieht. Oben eine Schlaufe machen, damit das Ohrwurmhotel in einen (Apfel-)Baum gehängt werden kann.

5. Fülle die Tontöpfe (vor allem den untersten) mit etwas Stroh, so können Ohrwürmer und andere Insekten darin wohnen. Ist der Wurmturm fertig, klebe ihm Wackelaugen auf den mittleren Topf und hänge ihn in einen Baum.

Zapfen & Co.
für kleine Künstler

Motivhöhe
20 cm x 20 cm und 24 cm x 30 cm

Das brauchst du

- Keilrahmen, 20 cm x 20 cm bzw. 24 cm x 30 cm
- trockene Herbstfrüchte wie Lerchenzapfen, Eicheln, Kastanien und Zweige
- Spachtelmasse auf Gipsbasis
- Acrylfarbe in Gelb, Orange, Rot und Grün
- Spachtel
- breiter Japanspachtel
- dicker Borstenpinsel

1. Lass dir von deinen Eltern die Spachtelmasse nach Angaben des Herstellers anrühren (für den Keilrahmen von 20 cm x 20 cm benötigt man etwa 250 g Spachtelmassepulver und 100 ml Wasser).

2. Du streichst nun die Masse mit dem Japanspachtel gleichmäßig auf den Keilrahmen.

3. Dann beginnt das Gestalten: Drücke die Herbstfrüchte und die Zweigstücke auf die Masse, bis dir das Bild gefällt. Das Gipsbild muss nun über Nacht trocknen.

4. Jetzt wird's bunt: Tupfe mit dem Pinsel die gewünschte Farbe auf das Bild. Es können mehrere Farben verwendet werden. Nicht zu wild mischen, sonst entsteht nur ein matschiges Braun! Lass die Farbe gut trocknen.

Tipp: Im Sommer kann man auf diese Weise auch ein schönes Strandbild mit Muscheln und Sand herstellen.

Astgabelrasseln
super Begleitung zur Gitarre

Das brauchst du
- 1 Astgabel
- 12 Kronkorken
- Bindedraht
- evtl. Acrylfarbe in verschiedenen Farben (50 ml)
- Taschenmesser
- Bohrer, ø 3 mm
- Dosenlocher

1. Die Astgabel entweder mit Rinde belassen oder vorsichtig mit dem Schnitzmesser entrinden. Bitte immer von dir weg schnitzen!

2. Rechts und links in die Astgabel, ca. 1 cm vom Ende entfernt, mit der kleinen Bohrmaschine oder dem Handbohrer kleine Löcher bohren. Mit dem Dosenlocher die Kronkorken auf einer geeigneten Unterlage (z.B. einem Holzbrett) vorsichtig lochen.

3. Die Kronkorken nach Belieben mit Acrylfarbe bemalen. Den Draht durch eine Astgabel führen und verdrehen, die Korken aufschieben und den Draht an der anderen Astgabelseite befestigen, dabei straff spannen.

Tipp: Die Astgabelrasseln sind ein schnell gemachtes, aber sehr wirkungsvolles Perkussionsinstrument. Am meisten Freude wirst du mit trockenen Ästen haben, die du im Wald finden kannst. Sie verziehen sich nicht mehr und bleiben in Form. Besonders gut rasselt es, wenn man die Kronkorken so auffädelt, dass immer zwei mit der Oberseite zueinander schauen. Viel Spaß!

Kleiner Hof
mit lustigen Korkentieren

Motivhöhe
Stall ca. 26 cm
Tiere ca. 7 cm

Das brauchst du

Stall
- Holzkiste, ca. 30 cm x 20 cm, ca. 8–12 cm hoch (z.B. Mandarinenkiste)
- Rindenstücke, 4 bis 6 Stück, ca. 12–15 cm lang
- 26 Flaschenkorken, je ca. 5 cm lang
- Fotokarton in Rot, A4
- Papprolle, ca. ø 5 cm, 26 cm lang

Tiere
- Flaschenkorken in verschiedenen Formen
- Acrylfarbe in Gelb, Orange, Blau, Weiß, Türkis, Hellbraun, Dunkelbraun, Grau, Rot und Rosa
- Filzreste in Orange, Weiß, Grau, Braun und Hautfarbe
- Chenilledraht in Braun, 1 x 5,5 cm und 2 x 3 cm lang und Orange, 6,5 cm lang
- Marabufeder in Gelb

Vorlage
Seite 140

Stall

1. Stelle die Holzkiste mit der Öffnung nach vorne auf eine Längsseite und klebe von oben die Papprolle, als Stütze für das Dach, der Länge nach mittig auf die Kiste. Darauf etwas schräg die Rindenstücke mit Heiß- oder Holzkleber als Dach fixieren.

2. Zweimal fünf Korken zusammenkleben und links und rechts als Seitenverkleidung an den Kistenrändern befestigen.

3. Füge für den Türrahmen zweimal sechs Korken als Seitenteile und einmal vier Korken als Querverbindung zusammen. Dann das Scheunentor aus Fotokarton zuschneiden, mit weißem Buntstift einen 5 mm breiten Rand aufmalen und das Tor wie abgebildet mit einem orangefarbenen Stift gestalten. Fixiere anschließend das Tor am Türrahmen und klebe alles auf die Kiste. Trocknen lassen.

Tiere

1. Jetzt kommen die Tiere. Klebe die Korken mit Holzleim oder Heißkleber wie abgebildet zusammen und bemale sie nach dem Trocknen schön. Die Gesichter mit wasserfestem Filzstift gestalten, die Wangen und Nasen mit roter oder rosa Acrylfarbe aufmalen.

2. Schneide die Ohren aus Filz zu, bemale sie in der Mitte rosa und klebe sie an. Die Hörner der Kuh ebenfalls aus Filz anfertigen und am Kopf fixieren. Für die Schwänze sowie für die Mähne des Pferdes biege dir unterschiedlich lange Chenilledrahtstücke zurecht und bringe sie mit Klebstoff an. Die Ente bekommt als Flügel die Federn aufgeklebt.

Tipp: Wenn man die Ente wie abgebildet auf einer Fläche aus sechs zusammengefügten türkisblau bemalten Korken befestigt, kann sie in der Badewanne oder im Planschbecken schwimmen! Allerdings sollte man sie dann vorher noch mit einem wasserfesten Lack bestreichen, damit die Farbe sich nicht löst.

Wahre Wurmwunder
Regenwurmbeobachtungskasten

Das brauchst du

- Stricknadelbox aus Holz, 32 cm × 12 cm × 4 cm
- Plexiglas, 2 mm stark, 32 cm × 12 cm
- 2 Regenwürmer
- dunkle Erde
- Komposterde
- Sand
- Karton zum Überstülpen über den Regenwurmkasten
- Tonpapierreste in Schwarz und Beige
- Permanentmarker in Schwarz
- Sprühlack in Klar
- Transparentfolie in Gelb, A4
- UHU Glitter Glue in Blau, Grün und Lila
- Cutter
- Lineal
- Kugelschreiber
- Akkuschrauber
- Bohrer, ø 6 mm

Vorlage
Seite 157

1. Wenn es wie aus Eimern geregnet hat, findest du überall im Garten kleine Regenwürmer. Nimm dir zwei lebende Exemplare mit und gebe sie zur kurzzeitigen Aufbewahrung in ein Glas mit feuchter Erde.

2. Färbe dir die Stricknadelbox mit Erde ein, indem du die Erde mit den Fingern in das Holz reibst. Klarlack macht das Holz der Box wetterfest.

3. Anstelle des Holzdeckels der Stricknadelbox schneidest du mithilfe des Cutters einen Deckel aus Plexiglas zu und bohrst ein paar Luftlöcher hinein. Dabei sollte dir ein Helfer assistieren! Den Deckel aus Plexiglas einschieben.

4. Fülle nun den Kasten von unten aus gesehen erst mit einem Drittel feuchter, dunkler Erde danach das zweite Drittel mit feuchtem Sand und das letzte Drittel mit Komposterde. Nimm deine Regenwürmer vorsichtig aus dem Glas und lege sie auf die feuchte Erde deines Regenwurmbeobachtungskastens.

5. Damit deine Regenwürmer nicht so allein sind, kannst du ihnen noch ein paar papierene Gefährten ausschneiden, diese mit Glitzerkleber und Permanentmarker verzieren und auf den Kasten kleben. Als Lupenglas verwendest du transparente Folie in Gelb. Decke den Kasten mit dem Karton ab, damit sich die Regenwürmer in kühler Dunkelheit beruhigen können.

6. Nach ein paar Tagen kannst du den Karton anheben und sehen, dass die Regenwürmer kleine Gänge in die Erde gegraben haben. Sie haben es auch geschafft, die Erdschichten miteinander zu vermischen. Lass sie nun wieder in deinem Garten frei!

Schöne Schilder
Hier wohne ich!

Das brauchst du

- 250 g lufttrocknende Modelliermasse in Weiß
- Acrylfarbe in Hellgrün, Hellblau oder Orange
- Naturmaterial, z. B. Nüsse, Eicheln, Schneckenhäuser, Muscheln, Palmkätzchen oder bunte Ostereierschalen
- Borstenpinsel
- feiner Haarpinsel
- Küchenmesser
- Zahnstocher
- ggf. Glasnuggets oder Knöpfe
- UHU flex & clean Kraft

Vorlage
Seite 141

1. Knete die Modelliermasse gut durch, forme sie zu einer Kugel und rolle sie dann 0,5 cm dick aus. Du kannst sie rund, in Herzform oder oval zuschneiden. Schneide die Schilder nach Vorlage aus.

2. Bohre mit einem Holzstäbchen ein Loch für die Aufhängung in das Schild und lasse es gut trocknen. Das kann bis zu zwei Tage dauern!

3. Bemale nun dein Schild und beschrifte es mit einem dünnen Pinsel.

4. Klebe nun die verschiedenen Naturmaterialien auf. So weiß jeder gleich, wer hier wohnt!

Jonglierbälle
schnell gemacht

8+

Das brauchst du
- 1 Packungen Frischhaltefolie
- 270 g Rundkornreis (Milchreis)
- 9 Luftballons
- Küchenwaage

1. Den Reis abwiegen, zum Jonglieren müssen die Bälle alle ca. 90 g schwer sein. Den Reis in die Frischhaltefolie packen und zur Kugel formen.

2. Schneide die Luftballons hinter dem Mundstück ab. Nacheinander drei Ballons über die Reiskugel ziehen und mit beiden Händen noch etwas in Form rollen. Für die andern beiden Bälle genauso verfahren.

Tipp: Übe auf weichem, z.B. sandigem Untergrund, da sonst die Bälle leider schnell kaputt gehen können. Sollte aus einem Ball der Reis herausrieseln, schnell einen neuen Luftballon überziehen. Wenn du jeden Tag eine Viertelstunde übst, bist du bald ein Profi.

Ist ja schaaaf!
Frühlingslämmchen

Motivgröße
ø 70 cm

Das brauchst du

- Eimer Moos
- 8 kleine Stöckchen, 8 cm lang
- Acrylfarbe in Türkis (alternativ in Sonnengelb)
- 2 Steinchen in Weiß, ø 1 cm
- 2 Steinchen in Dunkelgrau, ø 0,5 cm

1. Sammle acht kleine Stöckchen und ganze viel weiches Moos.

2. Vier der kleinen Stöckchen kannst du in Farbe tauchen, damit die Füße des Lämmchens lustig bunt werden. Lass sie dann gut auf einer alten Unterlage trocknen.

3. Lege das Moos zu einer großen puscheligen Wolke aus.

4. Nun legst du die Stöckchen zu einem Gesicht und verwendest die Steinchen der Größe nach übereinander gestapelt als Augen.

5. Mit den bunten Stöckchen legst du vier Beine an die Wolke. Vielleicht hast du noch einen Moospuschel übrig und kannst damit ein Schwänzchen legen? Fertig ist das Frühlingslamm!

Wahrhaft würzig!
Gewürzanhänger

Das brauchst du

- 5 Teelichthüllen, ø 3,7 cm, 1,5 cm hoch
- Metallschraubverschluss in Gold, ø 3 cm
- 5 Kronkorken, ø 3 cm
- Kümmel
- Pfefferkörner in Rot und Schwarz
- Currypulver
- Sternanis
- Senfkörner
- Wachholderbeeren
- getrocknete Chilischoten
- Sonnenblumenkerne
- Satinbändchen in Rot, 4 mm und 6 mm breit, 1 m lang
- UHU Alleskleber Kraft
- Schere

1 Schneide den Rand der Teelichthülle und des Schraubverschlusses rundherum gleichmäßig in 5 mm breite Streifen.

2 Biege die Metallstreifen nach außen. Schneide bei einigen die Spitzen schräg zu oder schneide sie sternförmig ein.

3 Trage den Alleskleber auf den Alumittelkreis flächig und satt auf. Jetzt kannst du die Gewürze hineinstreuen oder einzelne Körner zu schönen Mustern zusammensetzen.

4 Schneide ein Satinbändchen auf 15 cm zu und klebe es auf der Rückseite an. Mache oben eine kleine Schlaufe. Fertig ist ein Geschenkanhänger, ein besonderer Christbaum- oder Osterstrauchschmuck – oder aber auch statt mit Satinband mit Broschennadel ein ganz besonderer Schmuck für dich!

7+ Heitere Henne
fröhliches Gackern

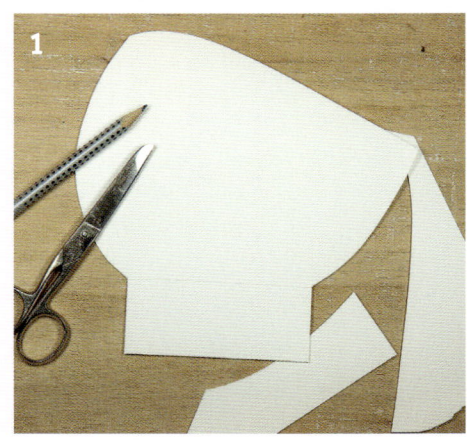

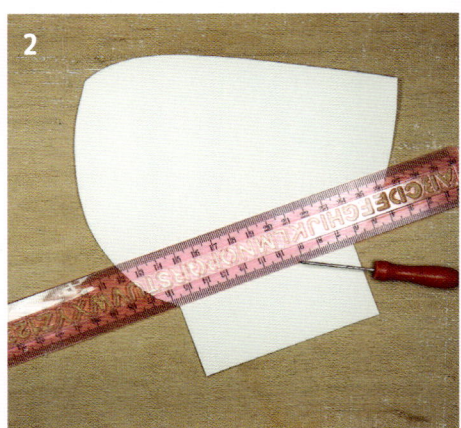

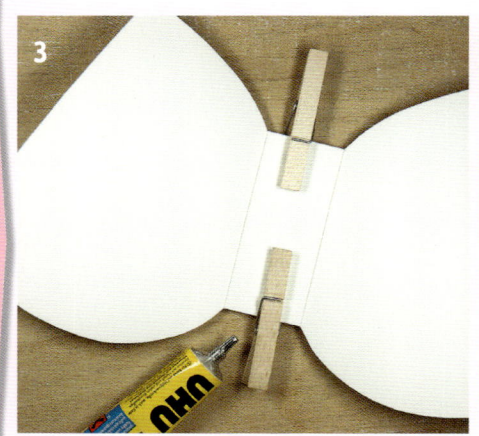

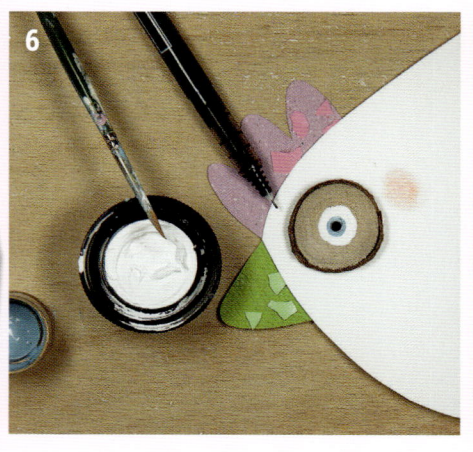

Das brauchst du

- festen Fotokarton
- Naturpapierreste
- Holzscheibe
- Federn
- Hühnereier
- Bastelfarbe
- Wasserfester Stift in Schwarz
- Prickelnadel

Vorlage
Seite 142

1. Fertige eine Papierschablone vom Körper an und übertrage diese zweimal auf Fotokarton. Schneide die beiden Körperformen aus.

2. Ritze dann die gestrichelte Linie mit Prickelnadel und Lineal an, damit sich das Papier leichter biegen lässt. Mache das ebenso bei der anderen Form.

3. Klebe die beiden Rechtecke zusammen, sie bilden den Boden. Zum Trocknen mit Klammern zusammenhalten. Die beiden Seiten dann nach oben falten.

4. Schneide die Flügel aus Fotokarton aus und beklebe sie mit Eierschalenstücken.

5. Schneide dann Schnabel und Kamm aus Naturpapier aus und klebe sie an der Henne fest. Nach Belieben kannst du Stücke von bemalten Eierschalen aufkleben.

6. Das Auge ist eine kleine Holzscheibe mit aufgemalter Pupille. Den schwarzen Punkt nach dem Trocknen mit einem wasserfesten Stift aufsetzen.

7. Ergänze die Federn, bevor du die beiden Formen zusammenklappst und an der Oberkante zusammenklebst.

Tipp: Die Eierschalen kannst du vor dem Zerbrechen mit Bastelfarbe bemalen. Die bunten Akzente machen sich wunderbar auf Deko-Eiern. Zum Aufkleben Alleskleber verwenden.

Cooler Kumpel
Kressekerl

Motivgröße
ø 9 cm

Das brauchst du
- 250 g Blumenerde
- Nylonstrumpf in Marineblau
- Packung Gras- oder Kressesamen
- 2 Muscheln
- Acrylfarbe in Pink, Weiß und Schwarz
- Bindfaden, 20 cm lang
- Bastelfilzrest in Gelb
- UHU Hart
- Reliefpaste in Weiß
- Gefäß mit Wasser
- Schere
- Pinsel

Vorlage
Seite 141

1. Tauche die Spitzen zweier Muscheln in schwarze Acrylfarbe. Die Farbe gut trocknen lassen. Mit dem Pinselstiel stempelst du jeweils einen weißen Lichtreflex auf die Muschel. Wieder trocknen lassen.

2. Nun den Fuß des Nylonstrumpfs in einer Höhe von 20 cm abschneiden und über eine Tasse stülpen. Zu zweit geht das ganz leicht.

3. Streue mittig Kressesamen auf die Socke. Streue nun Blumenerde darauf bis der Strumpf gefüllt ist. Der Strumpf sinkt dabei in die Tasse.

4. Nun musst du den Strumpf zuknoten. Forme eine Nase, die du mit einem Bindfaden abbindest. Du kannst nun die Nase mit pinker Acrylfarbe bemalen.

5. Die Augen bestehen aus den bemalten Muscheln. Du kannst sie mit wasserfestem Klebstoff am Kopf fixieren. Die Augenbrauen aus gelbem Filz ausschneiden und mit wasserfestem Klebstoff ankleben. Zum temporären Fixieren kannst du Stecknadeln benutzen, die nach dem Trocknen entfernt werden. Jetzt kannst du mit weißer Reliefpaste lustige Sommersprossen auftupfen.

6. Tauche den fertigen Kopf vorsichtig ins Wasser. Dann stellst du ihn so in die Tasse, dass er von unten immer feucht ist. Warte ein paar Tage – na, sprießen dem Kahlkopf Haare?

Kleiner Stadtfuchs
freches Moosgraffiti

Das brauchst du

- Schüssel
- Pürierstab
- Handvoll Moos
- 2 Tassen Buttermilch
- Teelöffel Zucker
- Glas mit Verschluss
- Sprühflasche mit Wasser
- Pinsel
- Karton, A3
- Kreppklebeband
- Schere

Vorlage
Seite 141

1. Gib das Moos, die Buttermilch und den Zucker in eine Schüssel. Mixe die Zutaten mit dem Pürierstab, bis eine dickflüssige Masse entsteht.

2. Fülle die Moosmilch in ein Glas mit Verschluss, das macht den Transport unkomplizierter.

3. Du kannst dir eine freie Form für dein Moosgraffiti ausdenken, oder du stellst eine Schablone von der Vorlage auf Seite 143 her. Übertrage dafür den Fuchs auf ein Stück Karton und schneide die Form aus dem Kartonrest heraus. Du erhältst eine Negativkontur, die sich mit Klebeband überall anbringen lässt.

4. Begib dich auf die Suche nach einem geeigneten Platz für dein Moosgraffiti und klebe dort deine Schablone mit Kreppklebeband fest. Der Ort sollte im Freien, feucht aber nicht komplett dunkel sein. Prima ist eine alte Steinmauer im Hinterhof oder ein Kellereingang.

5. Streiche die Moosmilch mehrmals mit einem Pinsel auf die gewünschte Stelle und nimm dann den Karton ab. Kontrolliere die Stelle von nun an: Sie sollte stets feucht sein, besprühe sie eventuell von Zeit zu Zeit mit Wasser. Schon bald sollte das Moosbild wachsen und nach und nach sichtbar werden.

Tipp: Ist das denn legal? Du solltest unbedingt darauf achten, dass du dein Graffiti an einer erlaubten Stelle platzierst. Vielleicht habt ihr ja eine alte Ziegelmauer in Hof? Sofern du dir eine Stelle außerhalb eures eigenen Grundstücks aussuchst, musst du den Eigentümer fragen, ob du dein Moosgraffiti anbringen darfst – das gilt auch für deine Schule!

Tanzende Hasen
Da lachen ja die Hühner!

Das brauchst du

- (Weiden-)Äste
- Holzscheiben, ø 6 cm (Kopf) und 7 cm lang (Ohren)
- Holzhalbkugel oder Holzscheibe, ø ca. 1,5 cm (Nase)
- Bastelfarbe
- Karoband oder Bast
- Blüten, Sisalgras oder Stoffrest
- Gartenschere

Vorlage
Seite 143

1. Schön verzweigte Stücke wie Beine findest du am Anfang eines Astes. Schneide den Ast mit einer Gartenschere ab. Kürze ein Astbein, dann sieht es aus, als würde das Tier tanzen.

2. Klebe mit Holzleim eine runde Holzscheibe als Kopf an das Zweigende. Wende die Figur und ergänze zwei längliche Holzscheiben als Ohren. Über Nacht trocknen lassen.

3. Bemale die Holzhalbkugel oder die kleine Holzscheibe mit Acrylfarbe und klebe sie nach dem Trocknen als Nase auf. Du kannst auch kleine Eier oder Weidenkätzchen nehmen.

4. Setze die Augen mithilfe eines Schaschlikstäbchens mit schwarzer Acrylfarbe auf. Für den Mund einen Buntstift und für die Wangen Buntstiftabrieb verwenden (siehe Allgemeine Anleitung auf Seite 7).

5. Den Ast bemale mit Pinsel und Bastelfarbe in Streifen. Immer die erste Farbe trocknen lassen, bevor die nächste aufgesetzt wird.

6. Die Blüten zuschneiden und mit einem Faden als Rock um den Ast binden. Du kannst auch Sisalgras oder ein Stück Stoff nehmen.

Kleine Raupe
fröhlich und bunt

Das brauchst du

- gebohrte Walnüsse, ø 3 cm (Körper) und ø 5 cm (Kopf)
- Acrylfarben in Weiß, Rosa, Pink, Gelb, Dunkelblau, Orange, Rot und Hellgrün
- Chenilledraht in Gelb, 2 x 5 cm lang
- Pompon in Pink, ø 1 cm
- dünne Kordel in der Lieblingsfarbe (Länge nach Wunsch)
- Malerkrepp, ca. 2 cm breit, 15 cm lang
- Bohrer, ca. ø 2 mm

Vorlage
Seite 146

1 Die Walnüsse weiß grundieren und nach dem Trocknen bunt bemalen. Anschließend weiße Punkte auftupfen.

2 Das Gesicht der Raupe wie in der Vorlage abgebildet gestalten, als Nase den Pompon aufkleben, dabei darauf achten, dass das Bohrloch nicht zugeklebt wird.

3 Für die Fühler oben am Kopf zwei Löcher bohren, den Chenilledraht zurechtbiegen und in die Bohrlöcher kleben.

4 Nun die Walnüsse auf die Kordel fädeln und die Enden verknoten. Um die Kordel besser durch die Walnüsse fädeln zu können, deren Enden mit etwas Malerkrepp eng umwickeln.

Tipp: Wenn man beide Enden der Kordel miteinander verknotet, kann man die Fädelraupe als Kette verwenden.

Stein-Trio
nützlich & niedlich

Motivhöhe
ca. 9 cm

Das brauchst du

- glatte Steine in verschiedenen Größen
- Acrylfarbe in Weiß, Schwarz, Hautfarbe, Rosa und Grau
- Papierdraht in Weiß, ø 2 mm, 2 x 8 cm lang
- Plusterstifte in Schwarz und Weiß
- ggf. Föhn

Vorlage
Seite 142

1 Für die Auswahl der Steingrößen die Vorlage beachten. Dann die Steine wie abgebildet bemalen und zusammenkleben.

2 Die Schwänze aus Papierdraht anfertigen. Den Papierdraht für das Schwein in Rosa bemalen und trocknen lassen. Den Draht um einen Bleistift wickeln, abziehen und zu einer Spirale dehnen. Für die Kuh einen kleinen schwarz bemalten Stein auf das weiße Papierdrahtende kleben.

3 Die Gesichter aufmalen, dabei die Wangen mit Rosa in die noch feuchte Gesichtsfarbe malen und mit etwas Wasser verreiben.

4 Zum Schluss das Schaffell und die Kuhlocken mit Plusterstift auftragen, trocknen lassen und nach Herstellerangaben aufplustern.

Tipp: Die Motive eignen sich hervorragend als Briefbeschwerer. Mit größeren Steinen werden aus Kuh, Schaf und Schwein auch ungewöhnliche Türstopper!

Bunte Federschau
macht Freude

Motivgröße
ca. 10 cm x 4,5 cm

Das brauchst du

- Steinscheibe, z.B. Alabaster, ca. 10 cm dick
- Bleistift
- Bügelsäge
- Raspel/Feile
- Schleifschwamm
- Nassschleifpapier
- Wasserschale
- Akkubohrmaschine
- Tuch zum Polieren
- Alleskleber
- 2 kleine Perlen
- Messingdraht, ø 3 mm
- evtl. Lötkolben
- Alleskleber
- farbige Federn
- Holzklotz, 4 cm x 4 cm x 4 cm

1. Du brauchst für den Vogel eine schöne Steinscheibe, besonders gut wirkt Alabaster. Säge oder raspele Flächen gerade. Zeichne anschließend mit Bleistift die Form eines Halbkreises auf den Stein.

2. Säge den Vogelkörper entlang deiner Zeichnung aus. Die gebogene Kante rundest du mit einer Feile ab. Alle anderen Flächen werden so gerade wie möglich gefeilt.

3. Mit Hilfe von Schleifpapier und Wasser kannst du die Flächen endgültig begradigen. Normalerweise bewegst du das Schleifpapier auf deinem Werkstück hin und her, hier machst du es umgekehrt. Lege ein Stück grobes, mit Wasser benetztes Schleifpapier auf eine gerade Fläche und bewege den Stein kreisförmig auf dem Papier, bis die Seiten glatt sind.

4. Wenn dein Vogelkörper feingeschliffen ist, bohrst du für die Augen, die Schwanzfedern und die Beine kleine Löcher mit einem Durchmesser von drei Millimetern in den Stein.

5. Die Augen gestaltest du, indem du mit Alleskleber kleine Perlen in die Augenhöhlen klebst. Befestige auch die bunten Schwanzfedern mit dem Klebstoff.

6. Für die Beine biegst du Messingdraht in die entsprechende Form. Wenn es möglich ist, kannst du zwei hufeisenförmig gebogene Drahtstücke als Vogelkrallen anlöten. Bohre passende Löcher in einen Holzklotz, um die Vogelbeine zu befestigen. Vielleicht kann ein Erwachsener dir dabei helfen.

Tipp: Alabaster ist zwar etwas härter als Speckstein, lässt sich aber auch gut bearbeiten. Geschliffener und polierter Alabaster hat einen sehr schönen Glanz. Wenn man ihn in dünne Platten schneidet, ist Alabaster sogar lichtdurchlässig.

Bunter Osterspaß
mit Fingerdruck

Motivhöhe
ca. 6 cm

Das brauchst du

- Acrylfarbe in beliebigen Farben
- ausgeblasene Hühnereier in Weiß
- Nähgarn in Weiß
- Nähnadel
- Streichholz
- Gummibänder
- Schaschlikspieß

1. Trage die Farbe mit einem Pinsel mittlerer Stärke auf den Zeigefinger auf und drücke den Finger auf den entsprechenden Untergrund. Nach jedem Aufdruck den Finger wieder neu mit Farbe bestreichen.

2. Wenn die Farbe gewechselt wird, den Zeigefinger mit einem feuchten Tuch gründlich säubern und den Pinsel gut auswaschen, damit sich die Farben nicht vermischen.

3. Bedrucke die Eier ganz bunt oder versehe sie mit einem Muster. Bei den Küken Schnabel, Augen und Krallen mit Pinsel oder Permanentmarkern ergänzen.

4. Zum Aufhängen ein Streichholz halbieren, den Nähfaden gut daran verknoten und in das obere Loch einführen. Das Ei schütteln, damit sich das Hölzchen innen querlegt.

Zum Muttertag
Mini Körnermandalas

Das brauchst du

- Fotokarton in Braun, Grün oder Rot, A4
- verschiedene Körner und Kerne, z. B. Mais, Hirse, rosa Pfeffer, rote Linsen, Erbsen, Bohnen, Kürbiskerne
- Essstäbchen aus Holz oder Bambus, 25 cm lang (alternativ Schaschlikspieß)
- Bast oder Schleifenband, 20 cm lang
- UHU flinke Flasche

Vorlage
Seite 143

1. Übertrage den Kreis von der Vorlage zweimal auf den Fotokarton und schneide ihn aus.

2. Zeichne dein gewünschtes Motiv auf den Kreis. Male mit dem Kleber ein kleines Stück des Motivs aus und streue die Körner, die du dir ausgesucht hast, darauf. Drücke sie ein wenig fest und drehe das Bild dann vorsichtig um, so können die überschüssigen Körner herunterfallen. Dann kommt das nächste Stückchen dran.

3. So geht es weiter, bis das ganze Motiv beklebt ist. Gestalte auch den zweiten Kreis.

4. Nach dem Trocknen kannst du auf der Kreisrückseite ein Holzstäbchen festkleben, den zweiten Kartonkreis dagegen kleben und den Stiel mit etwas Bast oder einer schönen Schleife verzieren. Fertig ist ein großartiger Blumenstecker!

Ei am Stiel
Osterstecker mit Motiv

Motivhöhe
ca. 20 cm

Das brauchst du

- Schaschlikspieße
- Gummiband
- Holzperlen, ø 8 mm
- ausgeblasene Eier
- Ostereierfarben (für Kaltfärbung)
- Essig
- 2–3 Schüsseln
- Teelicht
- Acrylfarbe in Lieblingsfarben
- Mischpalette
- Wasserbecher
- Küchenpapierrolle
- leerer Eierkarton

1. Damit die ausgeblasenen Eier nicht verrutschen, werden sie zwischen zwei Gummibänder auf einen dünnen Holzspieß aufgesteckt. Löse die Färbetabletten nach Packungsanleitung mit Essig und Wasser in verschiedenen Schüsseln auf.

2. Nimm das kalte Teelicht aus seiner Hülle und trage das Wachs auf dem Ei auf. Sei vorsichtig, damit es nicht zerbricht. Überall, wo Wachs aufgetragen ist, nimmt das Ei keine Farbe an. Diese Stellen bleiben später also weiß.

3. Nun darfst du deinen Osterstab in die Farbe tauchen, z. B. in Blau. Damit die Farbe kräftig genug wird, solltest du deinen Osterstab mindestens 6 Minuten lang untertauchen.

4. Jetzt kannst du schon die ersten weißen Spuren entdecken. Wenn die Farbe getrocknet ist, bemale das Ei auf den blauen Stellen noch einmal mit Wachs. Diese Stellen bleiben blau. Dann tauche dein Ei in eine neue Farbe, z. B. in Grün.

5. Wenn dir dein Muster gefällt, stecke den Stab zum Trocknen in das spitze Näpfchen des Eierkartons.

6. Zum Schluss bringst du mit einem anderen Holzspieß noch Acrylfarbe-Pünktchen auf. Lass das Ei wieder gut trocknen. Dann stecke oben eine kleine Perle auf – fertig ist dein Osterstab. Hübsch sieht er zwischen Blumen aus.

Tipp: Du kannst die Eier auch natürlich färben, z. B. mit getrockneten Kräutern. Einfach 4 Esslöffel gemischte Kräuter in heißes Wasser streuen und die rohen Eier 20 Minuten im Kräutersud kochen. Nach dem Kochen sind die Eier gelbgrün.

Eierkopf & Co.
mit Kresse

Das brauchst du

- Eier in 1 x Hellbraun und 2 x Weiß, ausgelöffelt oder ausgeblasen
- Mikrowellpappstreifen in Pink, Orange und Gelb, je 2 cm x 12 cm, und Pink, 1 cm x 12 cm (Henkel)
- Tonpapierrest in Pink
- Filzstifte in Rot, Pink und Orange
- Kressesamen
- Watte

Vorlage
Seite 143

1. Schäle von den Eiern ca. ein Viertel der Spitze gleichmäßig ab. Auf das braune Ei malst du das Gesicht wie abgebildet auf. Übertrage die Ohren auf das Tonpapier, schneide sie aus, knicke sie am Falz und klebe sie links und rechts vom Gesicht an.

2. Die Enden der Mikrowellpappstreifen bestreichst du jeweils zu ca. 1,5 cm mit Klebstoff und klebst den Streifen zu einem Ring zusammen. Für die Väschen malst du auf ein weißes Ei Punkte, auf das andere Striche in Pink und Orange und klebst darauf je einen Ring in Pink und Orange. Zuletzt klebst du mithilfe von Strichen den pinkfarbenen Henkel von innen an die Eierschale des Eis.

3. Fixiere die Eier mit Kleber auf den entsprechenden Ringen, fülle sie mit Watte auf und streue die Kressesamen darauf. Halte diese immer feucht. Es wachsen dann in gut einer Woche Kressepflänzchen. So bekommt der Eierkopf seine Haare.

Tipp: Als Alternative zur Kresse eignet sich abgeschnittenes Gras als Haare für den Eierkopf. Gänseblümchen oder Veilchen sehen in den Väschen schön aus.

Raffinierte Körbchen
originell und praktisch

6+

Motivhöhe
ca. 7 cm

Das brauchst du
- Salzteig
- Acrylfarbe in Hautfarbe, Schwarz, Rot, Hellblau, Blau, Türkis und Flieder
- 8 Holzperlen in Schwarz, ø 5 mm
- Papierdraht in Natur, ø 1 mm, 20 cm lang
- Glasschale, ø 12,5 cm, 4,5 cm hoch
- Alufolie
- Ostergras in Hellgrün

Vorlage
Seite 146

1 Den Teig 5 mm dick ausrollen. Die Glasschale auf der Außen- und Unterseite mit Alufolie glatt einwickeln und umgekehrt auf das Backblech stellen. Lege nun sechs Teigstreifen (je 1,5 cm breit und 21 cm lang) so über die Außenseite der Schale, dass sie sich in der Mitte kreuzen und ein gleichmäßiges Körbchenmuster entsteht. Die Enden der Streifen berühren das Backblech. Nun bringe direkt auf dem Backblech einen Querstreifen von 40 cm Länge an dem Körbchen an, 2 cm darüber einen 35 cm langen Streifen. Als Boden einen ausgeschnittenen Kreis (ø 5,5 cm) auf die Mitte setzen.

2 Das Körbchen im Ofen bei ca. 75 °C mindestens 2 Stunden trocknen lassen. Lass dir hierbei von einem Erwachsenen helfen. Kurz auskühlen lassen, die Glasschüssel vorsichtig entnehmen, die Alufolie aus dem Inneren des Körbchens lösen und dieses dann bei 100 °C fertig backen. Mit etwas Speiseöl bestreichen und kurz den Backofen auf 200 °C stellen. So wird das Körbchen leicht gebräunt.

3 Die Blumen und die Marienkäfer sind aus 5 mm dickem Salzteig hergestellt. Nach Vorlage ausschneiden und die Blütenmitte bzw. Nase aus kleinen Kugeln formen. Steche in den Kopf des Marienkäfers mit einem Schaschlikspieß je zwei Löcher für die Fühler ein.

4 Marienkäfer und Blumen backen, auskühlen lassen und anschließend bemalen. Den Papierdraht in acht Stücke von je 2,5 cm teilen, mit Alleskleber in den vorgefertigten Löchern fixieren und auf das Ende jeweils eine Perle kleben.

5 Befestige die Motive mit Sekundenkleber in gleichen Abständen an den Körbchen. Jetzt kannst du alles lackieren. Fülle die Körbchen zum Schluss mit dem Ostergras.

Sommer-freude

In der heißen Jahreszeit verbringen wir jede freie Minute im Freien. Unter schattigen Bäumen lässt es sich herrlich die heißen Stunden des Tages verschlafen, ein ausgedehntes Bad im See bringt die ersehnte Abkühlung. Und während ein Hitzegewitter sein schaurig-schönes Spiel am Himmel treibt, hast du genug Zeit, um mit der Beute deines letzten Ausflugs neue Werke zu erschaffen. Entdecke den Künstler in dir!

Strandbilder
aus buntem Sand

Das brauchst du

- Fotokarton in Hell- und Dunkelgelb, Hell- und Mittelblau, A3
- Zeitungspapier, 50 cm breit, 30 cm lang
- 110 g Vogelsand (alternativ Deko-Quarzsand)
- 3 leere Schraubgläser
- Acrylfarbe in Blau und Gelb
- Tapetenkleister und Wasser
- 3 kleine Herzmuscheln
- dünner Zweig
- 2 Pfefferkörner
- 2 Wachholderbeeren
- Wollrest in Blau, 8 cm lang
- 2 Bildösen, ø 3,2 cm
- UHU Alleskleber Kraft
- Haarspray
- feiner, mittlerer und dicker Haarpinsel
- Teelöffel

Vorlage
Seite 144

1 Knicke zwei Zeitungsseiten vorab einmal in der Mitte. Öffne es wieder. Jeweils 50 g Vogelsand mit einem halben Teelöffel gelber oder blauer Acrylfarbe in einem Schraubglas vermischen, gut schütteln und dann auf je ein Zeitungspapier streuen und dort trocknen lassen.

2 100 ml Wasser mit einem Teelöffel Tapetenkleisterpulver vermischen und im dritten Schraubglas quellen lassen.

3 Für das Sonnenbild den dunkelgelben Fotokarton auf 24 cm x 24 cm, hellgelben Fotokarton auf 20 cm x 20 cm zuschneiden. Für den Wal ebenso mit den blauen Fotokartons vorgehen.

4 Übertrage nun die Vorlagenzeichnung auf das kleine Kartonquadrat, male sie satt mit Tapetenkleister nach und schütte sofort den gefärbten Sand über das Motiv: Den gelben auf die Kleistersonne, den blauen Sand auf den Kleisterwal. Trocknen lassen.

5 Das Bild vom Zeitungspapier nehmen und den überschüssigen Sand auf das Zeitungspapier klopfen. Das Zeitungspapier hochnehmen und am Knick diesen Sand wieder ins jeweilige Glas zurückschütten. Mit dem feinen Haarpinsel und etwas Kleister kannst du noch „Ausbesserungsarbeiten" vornehmen und dann erneut Sand aufstreuen. Wieder trocknen lassen.

6 Nun geht es ans Ausgestalten der Sonne: Die kleinen Muscheln mit der Öffnung nach oben als Augen aufkleben. Die Pfefferkörner als Pupillen mit Kleber darin fixieren. Die größere Muschel als Nase aufkleben. Für den Mund schneidest du mehrere kleine Stücke vom Zweig ab und klebst diese zu einem Halbkreis aneinander. Den hellen Fotokarton klebst du mittig auf den dunkelgelben Fotokarton.

7 Die Flosse wird zusätzlich aus hellblauem Fotokarton ausgeschnitten, mit ungefärbtem Sand bestreut und nach dem Trocknen auf den fertigen Wal geklebt. Für die Augen klebst du dem Wal zwei Wachholderbeeren und für den Mund das blaue Wollstück auf.

8 Als Aufhängung klebst du die Bildöse unsichtbar oben an der Rückseite auf. Damit der Sand noch besser hält, sprühst du mehrmals mit Haarspray über das Bild. Zwischendurch immer trocknen lassen.

Tipp: Mach doch auch mal ein Bild aus ungefärbtem Natursand. Den feinen Sand kannst du selbst am Meer sammeln oder dir von Reisenden mitbringen lassen. Jeder Sand ist anders! Vergleiche Sand aus Afrika mit Sand aus Neuseeland oder mit dem von der Ostsee. Farben und Körnung werden stark voneinander abweichen.

Zarte Schmetterlinge
im Höhenflug

Das brauchst du

- Strohseide oder Seidenpapier
- Gläser oder Schachteln
- gepresste Blüten, Blätter und Gräser
- Wasserfester Filzstift in Schwarz
- evtl. Draht
- evtl. Glas- und Wachsperlen

1 Du brauchst ein Stück Seidenpapier, das fast so groß wie das Glas ist. Leg das Papier um das Glas herum und markiere die Größe, dann reiße es zurecht, streiche es mit einem Klebestift ein und klebe es auf.

2 Lege die Schmetterlinge erst auf deiner Arbeitsfläche zurecht, bevor du die Einzelteile aufklebst. Dazu den Klebstoff aufstreichen und die Pflanzen aufsetzen. Vorsicht mit den Trockenpflanzen, sie brechen leicht!

3 Die Fühler kannst du aus feinen Pflanzenteilen kleben oder mit einem wasserfesten, schwarzen Filzstift aufmalen.

Tipp: Hübsch sind auch Karten und bemalte Holzschachteln mit aufgeklebten Blüten (rechts und im großen Bild hinten rechts). Oder du machst ein Gartenlicht zum Aufhängen aus einem Marmeladenglas. Fädle Perlen auf Draht und wickle diesen eng um den Glasrand. Für den Henkel kannst du den Draht stellenweise um ein Schaschlikspieß wickeln und kräuseln. Die Drahtenden des Henkels dann gut am Glasrand befestigen, indem du sie durchfädelst und viele Male um den Henkel herumwickelst.

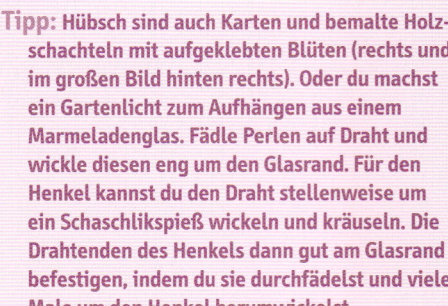

Luftballonrasseln
ganz einfach

7+

Das brauchst du
- 1 Toilettenpapierrolle
- 2 Luftballons
- 20 g Erbsen, Mais, Reis o. Ä.

1. Das Mundstücke von den Ballons abschneiden und die eine Ballonkugel über eine Seite der Papprolle stülpen.
2. Fülle nun die Rolle mit Reis, Erbsen oder Mais.
3. Die andere Seite mit der anderen Ballonkugel verschließen. Und schon hast du dein eigenes Musikinstrument gebaut.

Tipp: Bastle mehrere Rasseln, die mit unterschiedlichen Materialien gefüllt sind, und vergleiche, wie verschieden sie sich anhören. Wenn du statt Toilettenpapierrollen die Rollen von Küchenkrepp verwendest und diese in unterschiedlich lange Stücke schneidest, variiert der Klang der Rassel ebenso.

Blumen-Buchstützen
für Leseratten

7+

Motivhöhe
ca. 16 cm

Das brauchst du

pro Buchstütze
- Pappelsperrholz, 1,5 cm stark, 14 cm x 17 cm
- 2 Pappelsperrholzteile, 1,5 cm stark, 19,5 cm x 11 cm
- Acrylfarbe in Karminrot und Rosé
- Seidenmalfarbe in Maigrün
- Sprüh-Klarlack
- Holzleim

Vorlage
Seite 144

1 Die Blume auf das Pappelsperrholz übertragen, aussägen und mit Schmirgelpapier in Maserungsrichtung abschleifen.

2 Zuerst die Blüte wie abgebildet bemalen und trocknen lassen. Male dann den Stängel der Blume mit Seidenmalfarbe an. Die Blume noch mit der Spirale in der Blütenmitte und Pünktchen auf den Blütenblättern verzieren, wie es dir gefällt.

3 Nun leimst du die beiden Sperrholzteile zur Buchstütze zusammen, lass dir dabei eventuell von einem Erwachsenen assistieren. Danach mit stark mit Wasser verdünnter Acrylfarbe in Rosé bemalen.

4 Zum Schluss die Blume auf die Buchstütze leimen und alles mit Klarlack einsprühen. Fertig ist deine eigene Buchstütze.

6+ Tierische Schachtel
lustiger Schmetterling

Motivhöhe
ca. 9 cm

Das brauchst du
- runde Käseschachtel, ø 9 cm
- Acrylfarbe in Weiß, Hellgrün, Lila, Rosa, Gelb, Orange, Rot und Braun
- 2 Gewürznelken
- 6 glatte Kieselsteine

Vorlage
Seite 144

1. Die Schachtel mit Acrylfarbe bemalen und gut trocknen lassen.

2. Bemale die Steine für die Schmetterlingsflügel, den Körper und Kopf wie abgebildet. Tupfe die Punkte am besten mit einem Wattestäbchen auf. Die Augen werden mit einem wasserfesten schwarzen Filzstift aufgemalt. Den Schmetterling gemäß Vorlage auf dem Deckel anordnen und festkleben. Am Kopf zwei Gewürznelken als Fühler befestigen.

Sommerferien!
Strandsonne

3+

Das brauchst du

- 24 kleine Stöckchen, 10 cm lang
- 24 Muscheln oder Schneckenhäuser
- ggf. UHU creativ für Naturmaterialien oder Heißkleber

1 Suche dir 24 kleine Stöckchen und 24 Muscheln oder Schneckenhäuser.

2 Lege dir nun 12 kleine Stöckchen im Kreis herum aus – wie bei einer Uhr. Die anderen zwölf legst du schräg daneben, sodass immer zwei Stöckchen miteinander eine Spitze ergeben. Bestimmt hilft dir ein Erwachsener.

3 Nun legst du überall da, wo zwei Stöckchenenden aufeinander treffen, eine Muschel oder ein Schneckenhaus hin. So ergibt sich ein schönes Muster.

4 Wenn du magst, kannst du die Sonne mit Klebstoff fixieren. Lass dir dabei von einem Erwachsenen helfen.

Blüten-Mandala
lachende Sonne

Das brauchst du

- verschiedene Blumen und Blüten
- Zapfen
- Blätterzweige
- Äste und Stöcke

1 Für ein Mandala brauchst du viele Blüten und Blätter. Nimm dir deswegen am besten einen Wagen oder Korb mit.

2 Die Stiele abschneiden und die Äste auf die gewünschte Länge zuschneiden.

3 Lege zuerst den Kreis für die Sonne.

4 Dann wird die Fläche mit gelben Blüten gefüllt und die Strahlen werden angesetzt. Du kannst auch noch ein lachendes Gesicht mit anders farbigen Blüten einsetzen.

5 Mit den restlichen Blumen, Blättern und Stöckchen wird das Mandala weiter ausgestaltet. Da lacht die Sonne!

Meerjungfrauen
Muschelschmuck – entzückend!

Das brauchst du

für die Brosche
- 5 Tigermuscheln, 2,5 cm x 4 cm
- Acrylfarbe in Lavendel
- Perlenpen in Gold
- 10 Posthornschnecken, 1 cm x 2 cm
- Wollfilzrest in Hellgrau, ø 3,5 cm
- 2 Broschennadeln, 3 cm lang
- UHU Sekundenkleber blitzschnell Präzision
- Pinsel
- Nadel & Garn
- Schere

Brosche

1. Bemale zuerst die fünf Tigermuscheln mit Acrylfarbe in Lavendel.
2. Wenn die Farbe trocken ist, tupfst du mit einem Perlenpen goldene Punkte auf. Diese auch gut trocknen lassen!
3. Nun klebst du mithilfe von Sekundenkleber die Muscheln kreisförmig aneinander.
4. Setze in die Mitte der Tigermuscheln fünf Posthornschnecken und fixiere sie mit Kleber.
5. Damit du deine Brosche anstecken kannst, schneidest du dir einen Kreis aus Wollfilzresten und nähst dort mithilfe von Nadel und Garn zwei Broschennadeln an. Klebe die Rückseite des Wollfilzkreis an die Rückseite der Tigermuscheln und lass alles gut trocknen. Voilà, deine tolle neue Muschelbrosche ist fertig!

Das brauchst du

für die Kette
- 30 Perlmutt-Mosaiksteine, ø 1 cm
- 23 Posthornschnecken, 1 cm x 2 cm
- 3 Tigermuscheln, 2,5 cm x 4 cm
- 12 Spitzmuscheln, 1,5 cm x 4 cm
- 2 Herzmuscheln, 3 cm x 3 cm
- 21 Kokosplitter
- Baumkordel gewachst in Lila, ø 1 mm, 90 cm lang
- Dremel

Kette

1 Arbeite sehr vorsichtig und mit der Hilfe eines erwachsenen Assistenten: Bohre mit einem Dremel in jedes Kettenelement ein Loch.

2 Fädle nun die Schnecken, Muscheln, Mosaiksteine und Kokossplitter auf die Baumwollkordel. Wenn du ab und zu einen Knoten in die Baumwollkordel machst, kannst du Lücken einbauen.

3 Wenn die Kette lang genug ist, verschließt du sie mit einem festen Knoten.

Tapferer Ritter
beschützt die Prinzessin

Motivhöhe
Schild ca. 47 cm
Schwert ca. 55 cm
Helm ca. 14 cm
Rüstung ca. 30 cm
Pferd ca. 1,30 m

Das brauchst du

Schild und Schwert
- feste Pappe, ca. 50 cm x 50 cm (z.B. von einem Obstkarton)
- Acrylfarbe in Blau und Weiß
- ca. 11 Rindenstücke, 5 cm breit, ca. 12–15 cm lang
- Aststücke, ca. ø 3–4 cm, 55 cm und 22 cm lang
- Bast in Natur, 1 m lang

Helm
- Fotokarton in Grau marmoriert, 50 cm x 70 cm
- 3 Musterbeutelklammern in Gold je eine Feder in Gelb und Hellblau, ca. 30 cm lang
- Heftgerät

Rüstung
- 2 quadratische Eierkartons
- Acrylfarbe in Blau
- Lederband in Hellbraun, ø 2 mm, 2 x 50 cm lang

Pferd
- Holzplatte (Fichte), 3–4 cm stark, ca. 25 cm x 35 cm Haselnussast, ø 3 cm, ca. 1,20 m lang
- Acrylfarbe in Rotbraun und Schwarz
- Filzrest in Hellbraun, 4 mm stark Bast in Natur, 4 x 1 m lang
- Lederband in Gelb, Hellblau und Grün, je 2 x 1 m lang
- Satinband in Blau, 12 mm breit, 30 cm lang Bohrer, ø 4 mm
- runder Fräsaufsatz für die Bohrmaschine, ø 3 cm
- Laubsäge
- evtl. Stichsäge Schleifpapier mit feiner Körnung
- Lochzange

Vorlage
Seite 145

Schild und Schwert

1. Die Vorlage für das Schild auf die Pappe übertragen, ausschneiden, mit blauer Farbe grundieren und gut trocknen lassen. Übertrage dann den Adler mithilfe der Vorlage und male ihn weiß aus.

2. Die Rindenstücke um den äußeren Rand des Schildes legen und ggf. anpassen, anschließend mit Holzleim fixieren.

3. Schneide den Griff aus Pappe zu, knicke ihn wie auf der Vorlage abgebildet und klebe ihn mittig auf die Rückseite des Schildes.

4. Für das Schwert die Aststücke wie abgebildet über Kreuz aufeinanderlegen, mit Bast umwickeln und die Enden fest verknoten.

Helm

1. Den Helm auf Fotokarton übertragen und ausschneiden. Die Löcher für die Musterbeutelklammern gemäß der Vorlage mit der Lochzange stanzen.

2. Lass dir den Helm von einem Erwachsenen anlegen und dem Kopfumfang entsprechend zusammenheften. Den Rest abschneiden.

3. Eine Musterbeutelklammer von oben durch die erste Lasche stecken. Die zweite Lasche (ohne Loch) nach innen legen, die nächste Lasche wieder auf die Klammer stecken und in dieser Reihenfolge fortfahren. Biege anschließend die Enden der Klammern auseinander, sodass die Helmteile nicht mehr herunterrutschen können. Pass aber auf, dass du dir dabei nicht in die Finger schneidest.

4. Jetzt das Visier auf Fotokarton übertragen und ausschneiden. Die Löcher für die Musterbeutelklammern stanzen und die Klammern einstecken. Nochmal dir dabei helfen lassen, die Stellen zu markieren, wo das Visier platziert werden soll, hier ebenfalls Löcher stanzen. Bringe nun das Visier an und biege die Klammern auf der Innenseite auseinander.

5. Zum Schluss noch die bunten Federn auf den Helm kleben.

Rüstung

1. Die Eierkartons nach Belieben bemalen, z. B. mit Streifen- oder Quadratmustern, und die Farbe gut trocknen lassen.

2. Bohre in den einen Eierkarton mit einer spitzen Schere zwei Löcher für die Lederbänder, fädel die Bänder durch und verknote sie. In den zweiten Eierkarton ebenfalls zwei Löcher stechen und das jeweils andere Ende der beiden Lederbänder durchfädeln. Die Rüstung anprobieren, die Lederbänder auf die entsprechende Länge kürzen und verknoten.

Pferd

1. Den Pferdekopf auf das Holz übertragen und aussägen. Da das Holz sehr dick und somit schwer zu sägen ist, kann auch eine Stichsäge verwendet werden. Das solltest du auf jeden Fall nicht alleine, sondern unbedingt mit einem Erwachsenen machen. Anschließend die Ränder mit dem Schleifpapier versäubern.

2. Für die Mähne 18 Löcher im Abstand von ca. 2 cm laut Vorlage bohren, auf der Unterseite des Halses ein ca. 3 cm großes Loch für den Ast fräsen. Lass dir auch hierbei helfen.

3. Bemale den Pferdekopf hellbraun, nach dem Trocknen kannst du das Gesicht mit schwarzer Farbe gestalten.

4. Die Baststränge in 10–12 cm lange Stücke schneiden, diese mittig knicken und immer zwei bis drei davon (je nachdem, wie dick der Bast ist) in die Bohrungen am Kopf als Mähne kleben.

5. Bringe das blaue Satinband um das Maul des Tieres an. Die Lederbänder flechten und mit Heißkleber als Zügel fixieren.

6. Die Ohren aus Filz zuschneiden, jeweils am unteren Ende mit Klebstoff zusammenkleben und anschließend am Pferdekopf fixieren.

7. Zum Schluss klebst du noch den Haselnussast mit Holzleim in die Bohrung am Hals und lässt alles gut trocknen.

Tipp: Für das Schwert eignen sich am besten Haselnusszweige, da sie eine recht glatte Oberfläche haben und man sie deswegen gut festhalten kann, ohne sich zu verletzen!

Montagsmaler
Filzstockpinsel

3+

Motivgröße
35 cm

Das brauchst du

- Stock, ø 3 cm, 36 cm lang
- Bastelfilz in Grün, ø 20 cm
- Handvoll Füllwatte
- Paketband, ø 3 mm, 1 m lang
- Acrylfarbe in Rot, Türkis und Orange
- 3 Pappteller
- Schere
- ggf. Keilrahmen

1 Sammle im Wald gerade Stöcke. Für jeden Pinsel brauchst du einen Stock.

2 Schneide zusammen mit einem Erwachsenen den Bastelfilz zu einem Kreis und fülle ihn mit Füllwatte. Schlage den Kreis samt Inhalt um das Stockende und binde ihn dort mit dem Paketband fest.

3 Gib unterschiedliche Farben auf Pappteller. Nimm jeweils einen Pinselstock in die Hand und tauche ihn in Farbe.

4 Bestempele nun nach Belieben einen Baumstamm oder ein großes Blatt Papier. Schön ist auch ein Keilrahmen, den du gemeinsam mit Freunden mit den tollen Filzstöcken bemalen kannst.

Tipp: Für einen Gemeinschaftskeilrahmen aus Papier geschnittene Buchstaben mit Sprühkleber auf den Rahmen legen. Nach dem Trocknen die Schablonen abnehmen, die Schrift erscheint weiß auf buntem Grund.

7+

Ahoi, Piraten!

Gruseliger Schurke

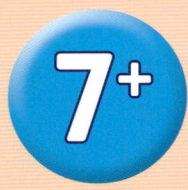

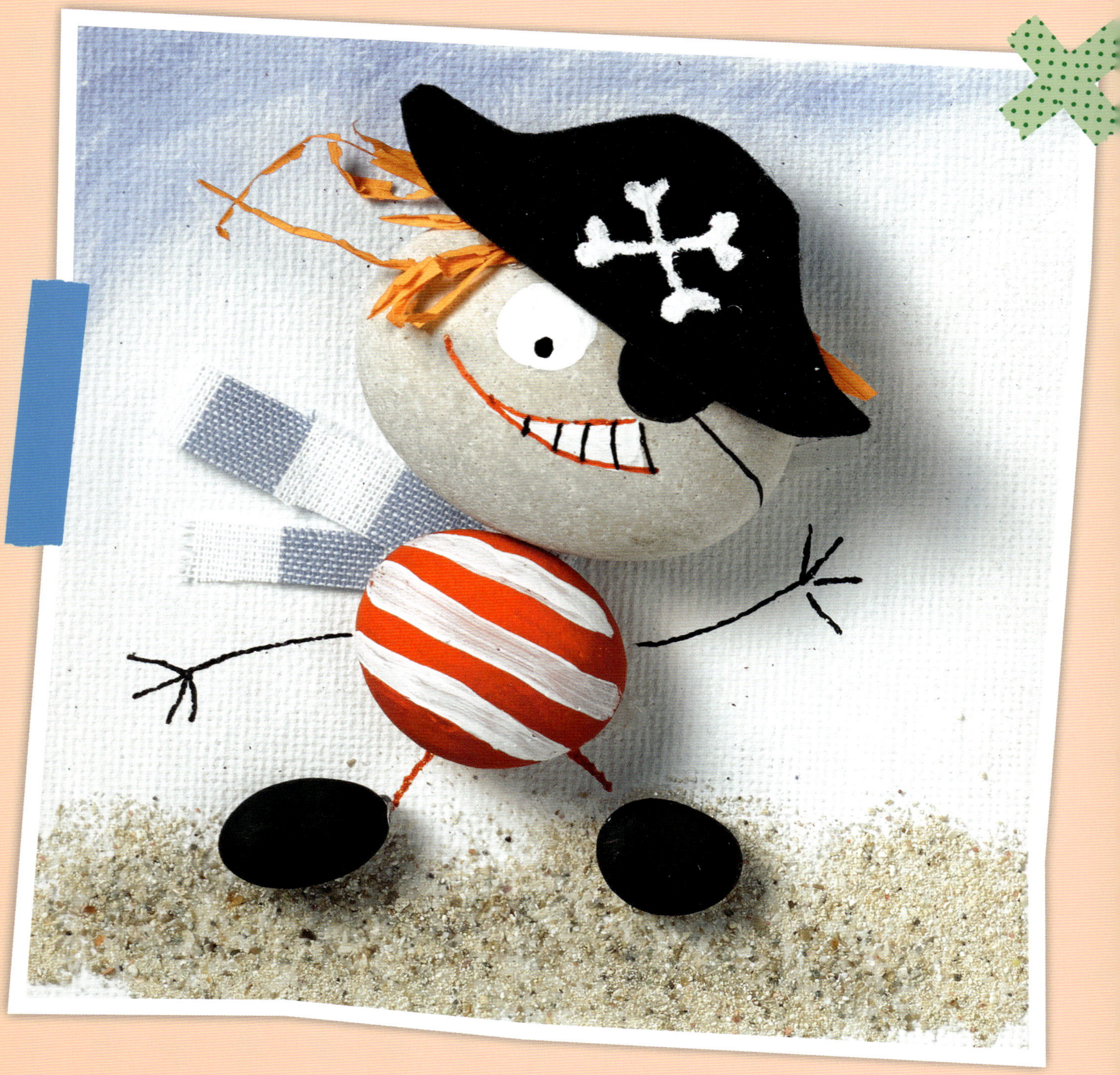

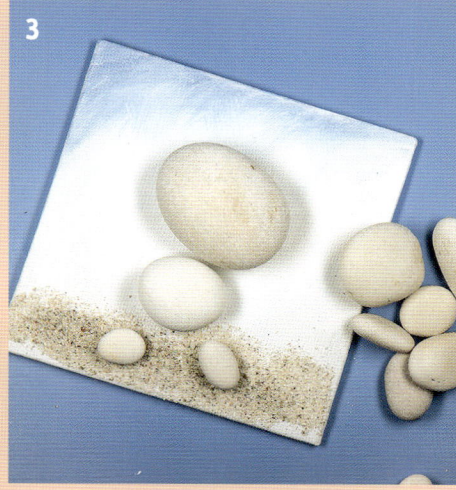

Motivhöhe
ca. 16 cm

Das brauchst du

- Keilrahmen oder Leinenkarton
- Sand
- flache Kieselsteine
- Bast
- Filz-, Papier- oder Stoffrest
- Bastelfarben, evtl. Dekomarker(Lackmalstifte)

Vorlage
Seite 157

1 Auf den Karton ein Stück Himmel malen und gut trocknen lassen.

2 Dann Holzleim auf den unteren Teil des Rahmens streichen und Sand darüberstreuen. Wieder gut trocknen lassen, dann den überschüssigen Sand abschütteln.

3 Die Steine für die Figur aussuchen. Wenn sie glatt sind, lassen sie sich einfacher aufkleben und bemalen.

4 Bemale die Steine mit einem dünnen Pinsel und Farbe oder Dekomarkern.

5 Schal und Hut des Piraten sind aus Stoff (siehe Vorlage). Diesen kannst du noch mit einem weißen Lackmalstift bemalen. Bast macht sich gut als Haare.

6 Gestalte dann das Gesicht mit Bunt- und Filzstiften (siehe Seite 7). Zuletzt legst du alle Einzelteile auf den Untergrund und klebst sie nacheinander auf.

Tipp: Mit Steinen kannst du auch ein Bild von deiner ganzen Familie machen, das ist ein schönes Geschenk. Streifen und Muster kannst du auch mit Buntstift auf die Steine malen. Wolle macht sich gut als Haare. Dafür Wollfäden zusammenbinden, aufkleben und in Form schneiden. Wenn du Locken brauchst, trenne einen gestrickten Rest wieder auf.

Muschel-Ballerinas
holen den Sommer ins Haus

7+

Motivhöhe
ca. 23 cm bis 27 cm

Das brauchst du

- Muscheln in verschiedenen Größen und Formen
- 2 flache, glatte Kieselsteine, oval, ø ca. 3,5 cm und rund, ø ca. 3,5 cm
- Acrylfarbe in Weiß, Schwarz und Rosa
- Jutekordel, ø 2 mm, 2 x 24 cm (Arme und Beine) und 1 x 8 cm lang (Hals)
- 2 Wachsperlen in Weiß, ø 1 cm
- Perlonfaden
- evtl. Holzstab

Vorlage
Seite 146

1 Für die einzelnen Körperteile verschiedene Muscheln, für den Kopf Kieselsteine in passender Größe auswählen. Bei der Auswahl der Formen die Vorlage beachten. Die Steine weiß grundieren, trocknen lassen und dann das Gesicht und die Haare aufmalen.

2 Die drei Muscheln, die den Körper bilden, wie abgebildet aneinander befestigen und in der Mitte die Wachsperle fixieren. Klebe die Jutekordeln für Beine und Arme ein und befestige am anderen Ende jeweils die kleineren Muscheln für Hände und Füße.

3 Verbinde den Kopf mit dem Körper. Dabei die Halskordel zu einem Drittel am Stein festkleben, zu einem Drittel als Hals frei hängen lassen und zu einem Drittel am Rücken fixieren.

4 Als Hut eine auffällige Muschel auf den Kopf kleben. Hänge die Figur mit einem Perlonfaden auf. Dafür den Faden eng um die Kopfmuschel legen und auf der Rückseite mit einem Tropfen Heißkleber befestigen.

Tipp: Befestige auf der Rückseite mit Heißkleber einen Holzstab, schon hast du sommerliche Blumenstecker, die garantiert ins Auge fallen!

 Pssst, geheim!
Geheimzeichen – schnitzeljagdtauglich

Das brauchst du

- 5 Korken
- Permanentmarker in Schwarz
- 10 Zweige, ø 8 mm, 7 cm lang
- Mattlack in Türkis
- 10 Hühnerfedern in Königsblau
- 10 Holzperlen in Weiß, ø 8 mm
- 30 Stecknadeln in Weiß
- Pinsel
- Cutter und Unterlage
- Anspitzer
- Drillbohrer
- UHU Alleskleber

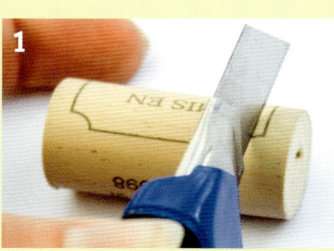

1 Zuerst schneidest du die Korken mit dem Cutter in insgesamt 20 Scheiben. Male mit dem wasserfesten Stift Augen und Wimpern auf.

2 Spitze die Stöckchen an einer Seite an. Die Spitze malst du nun mit dem türkisfarbenen Lack an. Wenn sie getrocknet sind, bohrst du mit dem Drillbohrer vorsichtig ein kleines Loch in die Enden der Stöckchen.

3 Nun nimmst du je eine Hühnerfeder, fädelst eine Perle auf und steckst den Schaft der Hühnerfeder in das Loch am Heck. Hier musst du alles mit etwas Klebstoff fixieren.

4 Nun hast du alle Teile fertig. Die Stöckchen, die mit ihrer Spitze als Richtungspfeil dienen, kannst du zusammen mit den separaten Augen mit Nadeln an Bäume pinnen.

Tipp: Veranstalte eine wilde Schnitzeljagd und lege vorab fest, was die Geheimzeichen aussagen: Wenn sie nach unten schauen, könnte an der Stelle beispielsweise ein Hinweiszettel versteckt sein.

Freche Früchtchen
Leckereien auffädeln

Das brauchst du
- Tüte Fruchtsaft-Gummifrüchte
- Apfel
- Faden, 70 cm lang
- Nähnadel
- Erdbeeren
- Weintrauben
- Obstmesser

1. Du solltest dein frisches Obst zuerst waschen. Lass dir eventuell von einem Erwachsenen helfen, den leckeren Apfel zu achteln und das Kerngehäuse zu entfernen.

2. Lass dir von einem Erwachsenen beim Auffädeln auf die Nadel helfen. Zuerst muss der Faden eingefädelt werden. Dann kannst du das Obst und die Süßigkeiten auffädeln. Pass aber auf deine Finger auf, die Nadel ist spitz.

3. Wenn die Kette lang genug ist, verschließt du sie mit einem festen Knoten. Teste mal: Kannst du mit geschlossenen Augen erschmecken oder ertasten, was du als nächstes naschen wirst?

Tipp: Diese hübsche Kette unterstützt die Feinmotorik, das Schmecken und die Konzentration. Natürlich sind viele verschiedene Varianten denkbar: Ketten, die nur aus Obst gefädelt werden oder in denen Fruchtgummitiere als Anhänger eingebaut werden ... Lassen Sie die kleinen „Goldschmiede" doch nach dem Fädeln auf dem Laufsteg ihre Kreationen präsentieren. Auf geht's zur Modenschau der frechen Früchte!

Konservenblumen
Blütenpracht in der Dose

Das brauchst du

- Konservendosen
- Acryllack in Orange, Gelb, Türkis, Pink, Rosa und Blau
- Kabelbinder
- Zinien
- Kastanienbohrer
- Bleistift mit Radiergummi

1. Für diese schicken Pflanztöpfe brauchst du zuerst ein paar leere Konservendosen. Diese befreist du außen vom Papieretikett und spülst sie gründlich aus, dabei aufpassen, dass du dich nicht schneidest. Streich jede Büchse in einer Farbe deiner Wahl mit Acryllack an und lass sie gründlich trocknen. Wenn die Farbe nicht so gut deckt, überstreichst du die Dose ein zweites Mal.

2. Verzier deinen Pflanztopf mit Streifen, indem du ihn in der Hand hältst und einmal ringsherum mit dem Pinsel fährst. Oder du tupfst Punkte drauf. Dafür tunkst du den Radiergummi eines Bleistifts in Farbe und stempelst damit Punkte auf den Topf.

3. Ein Erwachsener bohrt für dich mit dem Kastanienbohrer Löcher in den Boden, damit das Gießwasser ablaufen kann. Dann werden mittig zwischen Ober- und Unterkante deiner Dose zwei weitere Löcher nebeneinander im Abstand von ca. 5 cm gebohrt. Jetzt fädelst du den langen Kabelbinder zum Aufhängen von außen durch eines der beiden Löcher hinein und durch das andere Loch wieder heraus.

4. Zum Bepflanzen gibst du nun eine ca. 5 cm hohe Schicht Erde auf den Boden der Dose. Dann nimmst du die Blumen aus dem Blumentopf, stellst sie in die Dose und füllst rundherum Erde auf. Den Kabelbinder legst du mit den Enden einmal um einen Pfosten, Zaunpfahl oder das Balkongitter und ziehst ihn fest.

Samenbomben
Mach die Welt bunter

Das brauchst du

- 5 Becher Blumenerde
- 1 Becher Samen
- 5 Becher Tonpulver
- 1–2 Becher Wasser
- Seidenpapier
- Satinband

1 Diese Samenbomben solltest du am besten im Freien herstellen, weil du dich dabei ein bisschen dreckig machen wirst.

2 Such dir eine ausreichend große Schüssel und schütte fünf Becher Blumenerde und einen Becher Blumensamen hinein. Welche du nimmst, bleibt dir überlassen. Im Gartencenter gibt es auch bereits fertige Samenmischungen zu kaufen.

3 Verrühre alles miteinander und gib noch fünf Becher Tonpulver hinzu. Durch das Tonpulver lassen sich die Samenbomben später gut formen, werden schön fest und bleiben in Form.

4 Gib gerade so viel Wasser hinzu, dass alles zusammenpappt, und verknete das Ganze schön miteinander, eventuell musst du mit der Menge des Wassers ein wenig experimentieren.

5 Aus der Masse formst du jetzt Kugeln, die in etwa so groß sein sollten wie Walnüsse. Lass sie ein bis zwei Tage lang trocknen. Dann kannst du sie hübsch in Seidenpapier oder Servietten einschlagen, ein Schleifchen darum wickeln und verschenken. Oder du wirfst die Bomben auf Grünflachen, denen ein paar bunte Blumen gut stehen würden.

Lavendelmännchen
Diese Typen sind duftig!

7+

Das brauchst du

- getrocknete Lavendelblüten
- roher Milchreis
- alte bunte Socken
- Wollgarn
- Wackelaugen, ø 5 mm
- Pompons, ø 1 cm
- Alleskleber

1. Für diese Lavendellümmel vermischst du in einer Schüssel getrocknete Lavendelblüten und rohen Milchreis zu gleichen Teilen. Dann befüllst du die Socken mithilfe eines Löffels damit. Befülle die Socken so weit, dass ein runder Ball entsteht. Dann bindest du die Socken mit einem Wollfaden zu und verknotest ihn gut.

2. Schneide das Bündchen rundum von der Socke ab und zerschneide es in zwei Stücke. Das werden die Arme deines Lavendellümmels. Kleb sie rechts und links an den Körper an. Jetzt schneidest du von der Sockenöffnung einmal durch die Socke bis kurz vor den abgeknoteten Kopf. Nun hat dein Männchen auch Beine.

3. Für die Frisur wickelst du einen langen Wollfaden um deine ausgestreckten Finger herum, bis du ein schönes Knäuel zusammen hast. Zieh es vorsichtig von deinen Fingern und wickle um die Mitte einen zweiten Wollfaden, den du zusammenknotest. Jetzt kannst du rechts und links vom Scheitel die Fäden durchschneiden. Kleb dein Haarbüschel mit Alleskleber oben auf dein Männchen.

4. Zum Schluss klebst du deinen Lavendelkerl noch Wackelaugen und eine Pompon-Nase auf. Deine Männchen sehen nicht nur hübsch aus, sondern verjagen auch Motten im Kleiderschrank. Riech mal an ihnen!

Tipp: Lavendelblüten trocknest du, indem du blühende Lavendelstängel an einen warmen, dunklen Ort hängst. Nach drei Wochen sind sie getrocknet und du kannst die Blüten vom Stängel abstreifen.

Echt steinig
Männchen aus Kiesel

Das brauchst du
- Steine
- Kiesel
- Felsen

1. Ob am Strand, am Flussufer, oder wo immer du eine Anhäufung von Steinen findest, sind Steintürme eine prima Sache. Ganz unkompliziert und schnell erzielst du einen tollen Effekt. Dabei gibt es unzählige Variationen von Türmen: Sortiere die Steine nach Größen, nach Formen, nach Farben oder Querbeet. Miniaturtürmchen oder Felstürme, jeder Steinturm ist eine neue Herausforderung für deine Geschicklichkeit!

2. Lege einen Turm aus möglichst großen Steinen. Lege einen ganz schiefen Turm – oder schaffst du sogar einen Bogen? Jetzt einen Turm aus ganz kleinen Steinen.

3. Lege abwechselnd mit einem Freund einen Kieselturm. Bei wem der Turm zuerst umstürzt, der hat verloren.

Tipp: An vielen Wanderwegen dienen diese „Steinmännchen" als Wegweiser. Wenn es neblig ist oder ein wenig Schnee liegt, können sie den richtigen Weg anzeigen – daher ist es für andere sehr gefährlich, wenn man eine solche Wegmarkierung zerstört. Es bringt hingegen Glück, wenn man ein weiteres Steinmännchen daneben baut oder auf einen bestehenden Turm noch einen klitzekleinen Glückskiesel legt!

Blütenprinzessinnen
duftende Schönheit

6+

Das brauchst du
- Naturpapier in Weiß
- Kordel
- Fotokarton in Hautfarbe
- gepresste Blüten
- gepresste Blätter
- Kirschstiele
- Prickelnadel
- Schaschlikspieß

Vorlage
Seite 146/147

1. Die Prinzessinnen kleben auf Fotokartonstücken. Stich mit der Prickelnadel die beiden Löcher für die Aufhängung ein und vergrößere sie mit einem Schaschlikspieß. Nun lässt sich die Kordel leichter durchfädeln. Du kannst noch einen Rand aus Gräsern oder Blättern aufkleben.

2. Schneide mit Hilfe der Vorlage den Kopf aus hautfarbenem Fotokarton aus und male das Gesicht mit Bunt- und Filzstiften auf.

3. Wähle dann die Blätter und Blüten für deine Prinzessin aus und klebe sie nacheinander mit Alleskleber auf den Fotokarton. Vergiss das Köpfchen nicht! Als Haarschmuck machen sich Hortensien und kleine Blätter sehr gut. Als Arme und Beine Kirschstiele ankleben.

8+ Feel the beat

Maracainstrument

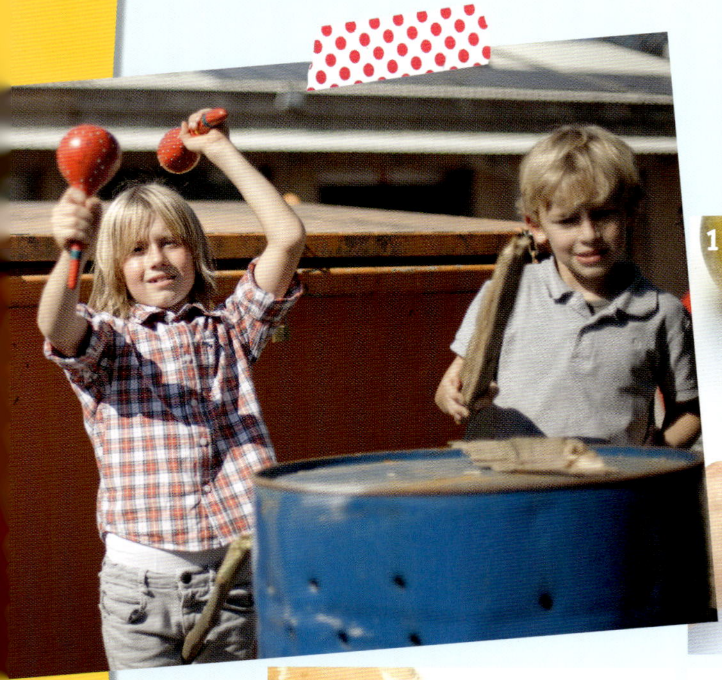

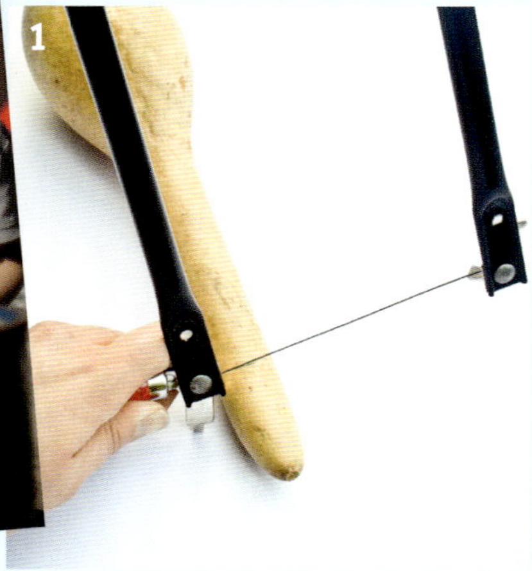

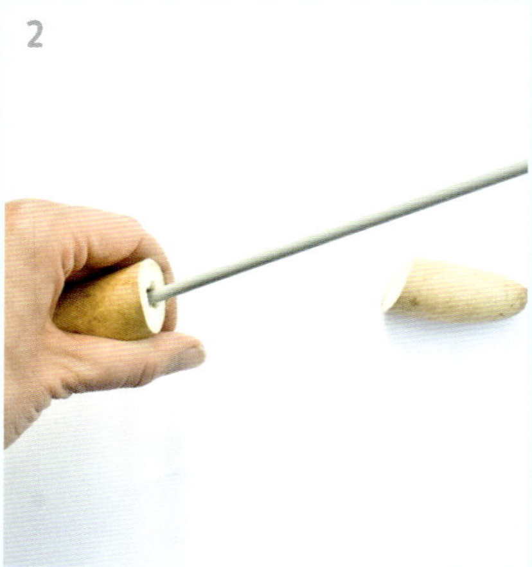

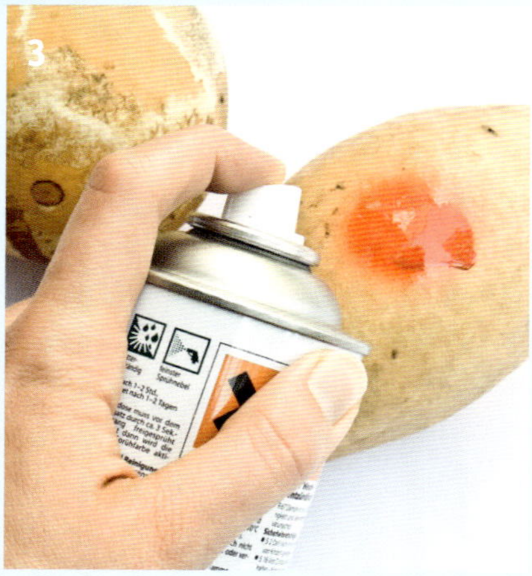

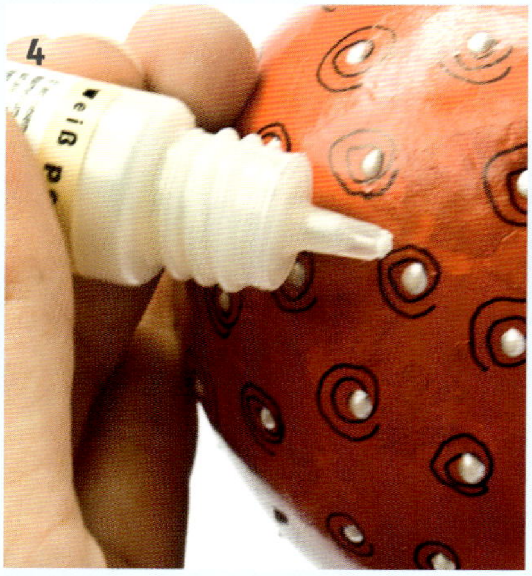

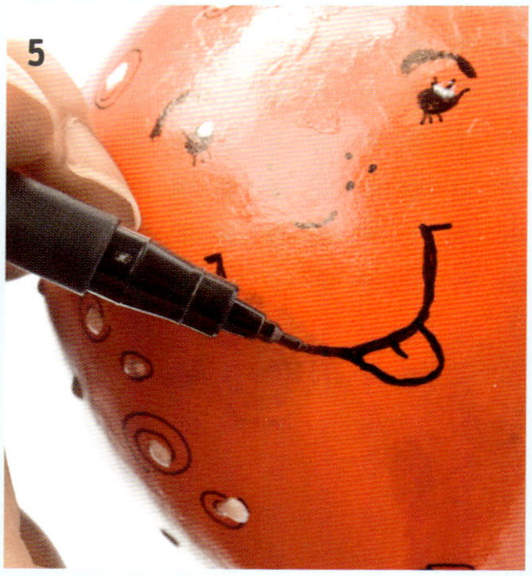

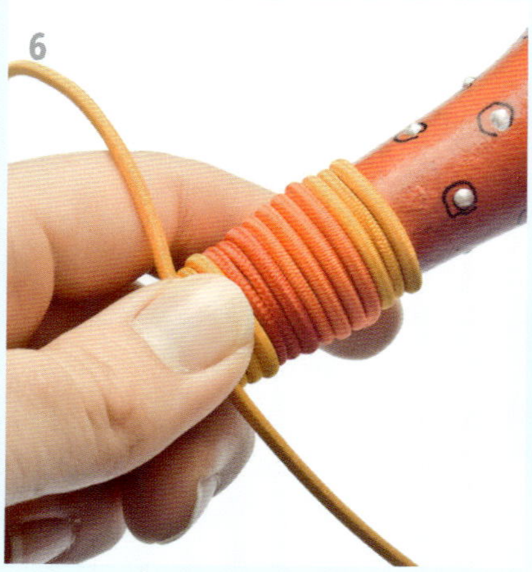

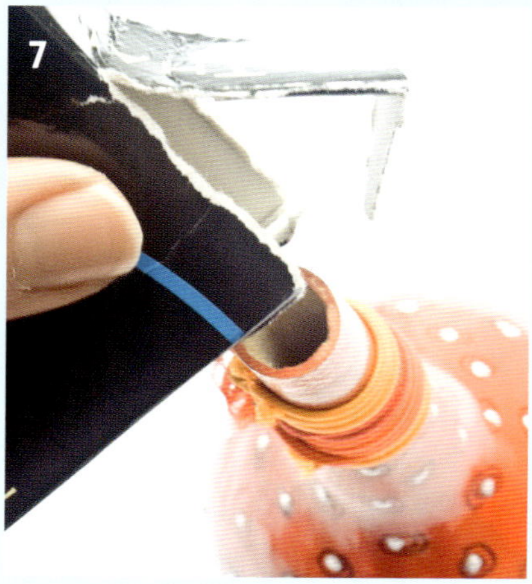

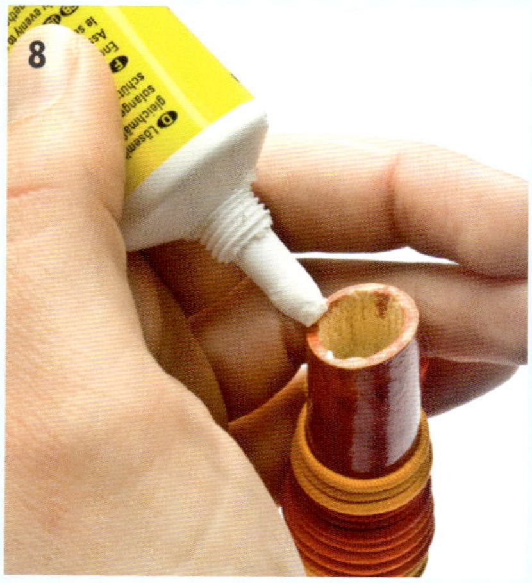

Das brauchst du

- 2 Flaschenkürbisse
- Sprühfarbe in Rot, glänzend
- Perlenmaker in Perlmutt
- Permanentmarker in Schwarz
- 2 Gummibänder in Sonnengelb, 15 cm, ø 2 mm
- 2 Gummibänder in Orange, 15 cm, ø 2 mm
- 2 Gummibänder in Feuerrot, 15 cm ø 2 mm
- ½ Tasse Reis
- Washitape in Flaschengrün, 20 cm lang
- UHU creativ für Natur
- alte Zeitungen
- 1 großes Glas
- Stricknadel
- Laubsäge

1 Mach Musik! Säge von den Flaschenkürbissen am Hals 6 cm ab. Wenn du noch nie mit einer Laubsäge gearbeitet hast, solltest du dir von einem Erwachsenen dabei helfen lassen.

2 Mit einer Stricknadel stocherst du im Kürbis, um das Innere zu lockern. Lass die Kerne aus dem Loch rieseln. Gelingt es dir nicht, den Kürbis restlos zu entleeren, dann ist das nicht besonders schlimm, die Kerne rasseln später einfach mit.

3 Ab jetzt wird draußen gewerkelt! Stecke die Kürbisse nun auf eine Stricknadel oder einen Stab und sprühe sie mit der roten Farbe gleichmäßig an. Ebenso die abgesägten Enden.

4 Wenn die Farbe getrocknet ist, malst du mit einem wasserfesten Stift Kringel darauf und in die Mitte der Kringel setzt du anschließend einen Perlenpunkt mit dem Perlmaker. Du kannst natürlich auch Gesichter aufmalen. Lass alles gut über Nacht trocknen.

5 Nun nimmst du die Gummilitzen und machst ein Knoten in die Enden, sodass ein Gummiring entsteht. Wickle die Gummis wie Haargummis um die Stiele.

6 Drehe die Flaschenkürbisse um und fülle durch die Öffnung Reis ein. An den Rand der Öffnung trägst du nun Klebstoff auf und drückst die abgesägten Teile fest an und hältst das Ganze ein paar Minuten. Zum Schluss wickelst du noch etwas grünes Washitape über die Klebestelle, um sie zu verdecken.

Zauberhafte Grüße
mit Steinen und Muscheln

Motivhöhe
Fee ca. 12 cm
Unterwasser-Freunde
ca. 5 cm bis 6 cm

Das brauchst du

Glitzernde Fee
- Fotokarton in Hellgrün, A4
- Fotokartonrest in Weiß
- Kieselstein, ca. 2,2 cm x 2,8 cm
- Muschel, ca. 2,5 cm x 2,8 cm
- matte Acrylfarbe in Hautfarbe, Orange, Rosé, Honiggelb und Weiß
- Iris-Flitter
- Krepppapierrest in Orange
- Chenilledraht in Rosa, 6 cm lang
- ggf. Falzbein

Unterwasser-Freunde
- Fotokarton in Blau, A4
- 2 Muscheln, 2,5 cm x 3 cm (Fischschwanz) und 4 cm x 1,5 cm (längliche Muschel)
- 2 flache Kieselsteine, ca. 4,5 cm x 3,3 cm und 4 cm x 2,5 cm
- matte Acrylfarbe in Orange, Pink, Weiß, Lemon, Maigrün, Hellblau, Cappuccino und Dunkelbraun
- Krepppapierrest in Orange
- Geschenkbandrest in Pink
- ggf. Falzbein

Vorlage
Seite 148/149

Glitzernde Fee

1. Den grünen Fotokarton in der Mitte falzen. Stein und Muschel in Weiß grundieren, damit die Farben später besser decken und leuchten. Anschließend bemalst du die Muschel und streust Iris-Flitter in die noch feuchte Farbe.

2. Den Stein für den Kopf in Hautfarbe bemalen und das Gesicht der Vorlage entsprechend aufzeichnen. Zeichne die Gesichtszüge mit dünnem Permanentmarker und etwas Acrylfarbe nach. Hierfür kannst du einen Zahnstocher verwenden.

3. Das Krepppapier (2 x 1,5 cm x 5 cm) in Falten legen und auf dem Hinterkopf fixieren. Die Fee von der Vorlage auf weißen Fotokarton übertragen oder die Figur frei Hand aufmalen. Male alles mit Acrylfarbe aus und streue Iris-Flitter auf die Schuhe, die Flügel, den Hut und den Zauberstab.

4. Den Chenilledraht zurechtbiegen und auf den weißen Fotokarton kleben. Klebe anschließend die Muschel und den Stein auf. Den Karton rund um die Figur ausschneiden und auf die Karte kleben. Die Wellenlinien und Zierpunkte mit flüssigem Klebstoff auftragen und Flitter drüberstreuen. Lass alles gut trocknen und klopfe zum Schluss den restlichen Flitter ab.

Unterwasser-Freunde

1. Falze den blauen Fotokarton in der Mitte. Steine und Muschel in Weiß grundieren, damit die Farben später besser decken und leuchten. Bemale sie anschließend.

2. Die Gesichter gemäß Vorlage auf die Steine malen. Dabei für den Farbton Hellorange die Farbe Orange in gleichen Anteilen mit Weiß mischen. Für das Pastellrosa mischt du Pink mit sehr viel Weiß. Das Muster auf dem orangefarbenen Fisch mit einem Wattestäbchen auftupfen.

3. Das Krepppapier (2 x 2 cm x 8 cm) in Falten legen und als Flossen auf der Rückseite des Fischkörpers fixieren. Knicke die untere Flosse vor dem Festkleben bei 5 mm.

4. Das Geschenkband in vier 8-9 cm lange Stücke zerschneiden, mithilfe einer scharfen Schere kräuseln und auf der Rückseite des pinkfarbenen Steins fixieren.

5. Male mit einem Pinsel Wasserpflanzen, Sand und Wasserwellen auf die Karte. Auf den hellbraunen Sand mit einem Zahnstocher viele kleine Punkte in Weiß und Dunkelbraun setzen. Fixiere dann die helle Muschel auf dem Grund. Den Fisch und die Schwanz-Muschel sowie die Qualle auf die Karte kleben. Lass jetzt alles gut trocknen.

Tipp: Erstelle ein Aquarium, indem du viele verschiedenfarbige Fische mit unterschiedlichen Flossen auf einem festen Karton oder einer Leinwand fixierst.

Herbstjubel

Schon nach kurzer Zeit lässt die Freude über die herbstliche Farbenpracht den heißen Sommer vergessen. Jeder Herbststurm schüttelt die Bäume kräftig durch und bringt noch mehr Blätter und Nüsse zum Vorschein, die nur darauf warten, von dir aufgelesen und weiterverarbeitet zu werden. Wenn der erste Nebel dich ins Haus zurück treibt, sind deine Taschen voll mit herrlichen Fundstücken, die dir Geschichten vom Herbst erzählen – hör' genau hin, es lohnt sich!

Tierische Trophäe
auch für Vegetarier!

8+

Das brauchst du

- stabile Pappe, A3
- Luftballon
- 2 alte Zeitungen
- Acryl-Dekorlack matt in Dunkelbraun
- 5 Handvoll Eschensamen
- Moos
- 2 Kastanienhüllen
- 2 Kastanien
- Filzrest in Schwarz
- 2 selbstklebende Halbperlen, ø 0,2 cm
- zwei runde Astscheiben
- 2 mehrfach verzweigte Kastanienzweige
- 4 Bucheckern
- die Schale einer Pistazie
- MDF Platte, 25 cm × 50 cm
- Papierbastband in Bordeaux, 4,5 m lang
- Transparentpapierrest in Gold
- zwei Anissterne
- Permanentmarker in Schwarz
- UHU creativ Holz & Naturmaterialien
- UHU Stick Kraftkleber
- 5 EL Kleister
- Wasser
- großen Borstenpinsel
- Gefäß
- Paketband
- Schere
- Cutter
- Industrietacker
- Stecknadeln
- Drillbohrer

Vorlage
Seite 150

1. Trophäe für Vegetarier: Baue dir aus Pappe, Luftballon und Paketklebeband eine Grundform. Rühre auch gleich den Kleister an. Lass ihn zwanzig Minuten quellen. Unterdessen die Zeitungen in ca. 10 cm lange Streifen reißen.

2. Bekleistere und beklebe deine Rehgrundform mit den Händen, bis du ein Papiermaschee-Reh mit mindestens drei Schichten hast. Vergiss die Ohren dabei nicht. Lasse dein Reh für mindestens 24 Stunden trocknen.

3. Nun kannst du deine Form an den Ohren, am Hals und an der Schnauze mit dunkelbrauner Acrylfarbe bemalen.

4. Alle unbemalten Stellen werden dachziegelartig mit Eschensamen beklebt. Am Hals rundherum die untersten 10 cm freilassen.

5. Die Ohreninnenflächen beklebst du mit Moos. Schneide dir zwei Kastanienschalen in vier Streifen. Von den Schalenstücken klebst du jetzt jeweils zwei um das Auge aus Kastanienfrucht, sodass sie als Ober- und Unterlid fungieren. Aus schwarzem Filz noch eine Pupille zuschneiden, eine kleine selbstklebende Halbperle wird der Lichtreflex im Auge.

6. Mit Stecknadeln kannst du die Kastanienaugen am Kopf fixieren, bis der Klebstoff getrocknet ist.

7. Bohre in zwei Astscheiben mittig mit einem Drillbohrer ein Loch und klebe dort die Kastanienzweige ein. Klebe dann dieses Geweih mit Holzleim auf dem Oberkopf fest. Mit Bucheckerstücken nun noch die Astscheiben verzieren und aus Pistazienschalen die Nasenlöcher an der Schnauze aufkleben.

8. Bohre oben in die MDF-Platte ein Loch. Lass dir dabei von einem Erwachsenen helfen. Male die MDF-Platte anschließend dunkelbraun an. Nun nimmst du dein Reh und schneidest die freigelassenen zehn Zentimeter streifenförmig von unten nach oben ein und knickst die Streifen nach außen um.

9. Lege nun das Reh auf die MDF-Platte und hefte die umgeknickten Streifen mit einem Industrietacker auf der Platte fest. Die Streifen verstecken, indem du Moos darüber klebst. Schneide den Papierbast zu sechs Streifen mit je 75 cm Länge zu und nimm jeweils zwei Streifen in eine Strähne und flechte einen Zopf. Den Papierbastzopf nun wie ein Rahmen um dein Moos legen und alles festkleben. Bestimmt kannst du aus den überschüssigen Papierbastresten noch eine Schleife binden, die du unten mittig aufklebst.

10. Aus dem goldenen Transparentpapier schneidest du eine Ellipse aus und schreibst mit einem wasserfesten Stift den Namen deines Rehs darauf. Mit dem Kraftklebestick das Namensschild aufkleben. Links und rechts davon klebst du noch je einen Sternanis. Tierisch gut!

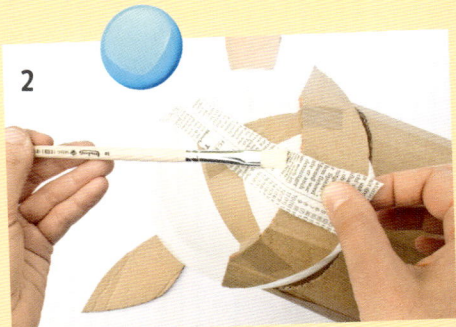

Laub-Liebling
für den Laternenlauf

Modellgröße
ø 20 cm

Das brauchst du
- 10 kleine Blätter oder Gräser, gepresst
- Luftballon
- 3 Seidenpapierbögen in Gelborange oder Türkis, 50 cm x 70 cm
- 2 Lochverstärker
- Blumendraht, 30 cm lang
- Laternenstab, 30 cm lang
- 2 R6 Batterien
- Kleister
- Wasser
- große Tasse
- Schere
- Seitenschneider

1. Sammle dir einige kleine Blätter und Gräser und presse sie eine Woche lang in einem Telefonbuch. Lege dafür viele schwere Bücher auf das Telefonbuch.

2. Den Luftballon aufpusten und auf eine Tasse legen. Mit etwas Malerkrepp am Rand fixieren.

3. Zerreiße nun das Seidenpapier in kleine Stückchen, etwa 5 cm x 5 cm groß.

4. Mit Tapetenkleister die ersten Stücke Seidenpapier auf den Ballon kleben bis er fast ganz bedeckt ist. Lass dir dabei anfangs helfen, die zweite Schicht bekommst du vielleicht schon allein hin.

5. Lege nun die Blätter auf das feuchte Seidenpapier – dahin wo du sie haben willst – und arbeite zwei weitere Schichten aus dem Seidenpapier. Du klebst die Blätter also einfach mit ein, indem du sie mit Papier überklebst.

6. Alles gut trocknen lassen – das kann bis zu zwei Tage dauern.

7. Lass dir von einem Erwachsenen beim Entfernen des Luftballons helfen: Wenn du nicht schreckhaft bist, kannst du hineinpieken.

8. Das obere Viertel nun mit einem Erwachsenen mit der Schere gerade abschneiden und gegenüberliegend zwei Löcher in den Rand stechen. Von innen die Lochverstärker dagegen kleben.

9. Nun den Draht hindurchfädeln und die Enden miteinander verdrehen. Überstehende Spitzen von einem Erwachsenen mit dem Seitenschneider abschneiden lassen.

10. Nun aktivierst du den Laternenstab mit den Batterien und hängst die schöne Laterne oben an den Haken. Eine klasse Naturlaterne!

Volldampf
orientalisches Dampfboot

Das brauchst du

- Balsaholz, 8 mm stark, 10 cm × 20 cm
- Acrylfarbe in Granatrot
- Sprühlack in Klar
- Wellpappereste, 2 cm × 17 cm und 7 cm × 8 cm
- 5 Stöcke, ø 5 mm, 7 cm lang
- 13 Mosaiksteine in Gelb, 5 mm × 5 mm × 3 mm
- 10 Mosaiksteine in Weinrot und Türkis, 5 mm × 5 mm × 3 mm
- 11 kleine Muscheln
- 2 Stück Baumrinde, 10 cm × 2 cm
- 1 Handvoll Moos
- 2 Modellfiguren, 3,5 cm hoch
- Messing- oder Kupferrohr, ø 4 mm, 35 cm lang
- Rohr, ø 2 cm
- Teelicht in Rot
- UHU Alleskleber SUPER strong & safe
- Pinsel
- Cutter und Schneideunterlage
- Lineal
- Nagel

Vorlage
Seite 149

1. Übertrage die Vorlage auf dein Balsaholz und schneide mithilfe eines Cutters die Bootsform aus. Bitte einen Erwachsenen, dir zu assistieren. Die Grundform mit Acrylfarbe in Granatrot bemalen und mit Mattlack versiegeln.

2. An den in der Vorlage angezeichneten Punkten mit Hammer und Nagel Löcher vorstanzen. Die Kerbe für die Kabine ebenfalls vorritzen. Befestige in den Löchern fünf Stöcke, die du dir in der Natur gesucht hast. Die Wellpappe mit ein bisschen Kraft in das Balsaholz drücken. Nun das Dach aus Wellpappe zuschneiden und mit fünf Löchern versehen. Die Wellpappe auf die Stöcke setzen, sodass du ein zweites Deck erhältst.

3. Dein Boot kannst du nun nach Belieben mit Mosaiksteinen, Muscheln, Rinde und Moos verzieren. Modellfiguren machen sich wunderbar als Passagiere.

4. Was noch fehlt, ist der Antrieb: Aus dem Messingrohr wird mithilfe eines größeren Rohrstücks eine Doppelschlaufe gebogen. Ein Ende des Rohres musst du dazu fixieren, sonst knickt das Röhrchen ein (evtl. zusätzlich mit feinem Sand befüllen). Die Spirale bringst du am Boot an, sodass die Windungen direkt über dem Kerzenlicht positioniert sind. Die Auspuffrohre werden durch zwei Löcher im Balsaholz geschoben und müssen bis ins Wasser reichen. Dein Boot ist betriebsbereit wenn das Röhrchen mit Wasser gefüllt ist. Dazu das Boot ins Wasser setzen und das Wasser ansaugen.

5. Nun kannst du das Teelicht anzünden, damit das Boot losfährt. Wenn das Boot nach zwei Minuten wider Erwarten noch nicht fahren sollte, musst du für mehr Hitze sorgen und die Spirale mit Silberpapier einwickeln.

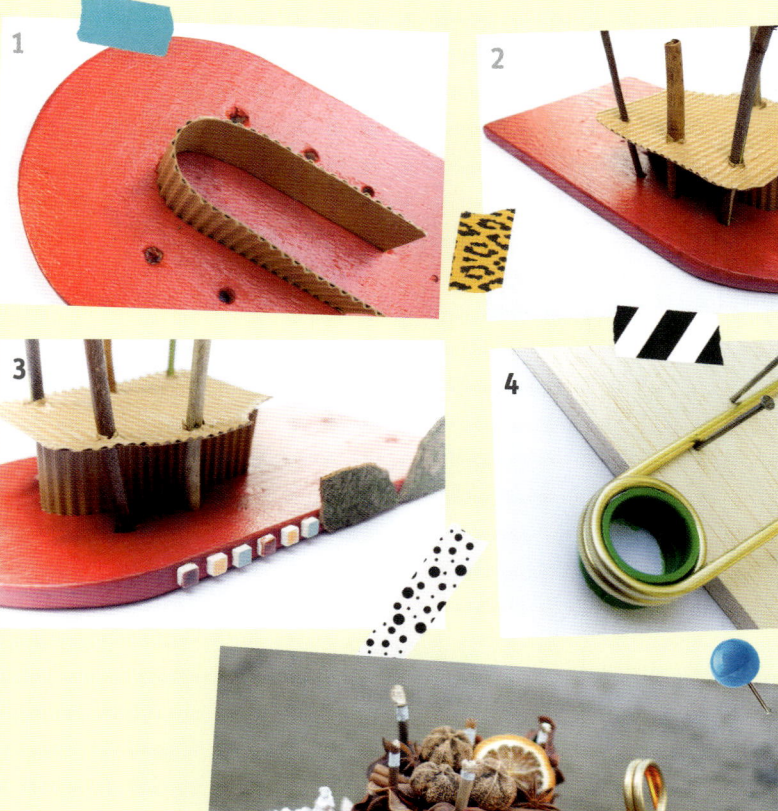

Bob **Kürbiskopp**
kinderleichter Halloweenkürbis

Modellgröße
15 cm–30 cm hoch

Das brauchst du

- Butternutkürbis oder Hokkaidokürbis
- 2 Wackelaugen
- Acrylfarbe in Hellblau oder Flieder
- Wolle in Neonpink, Weiß oder Graugrün, 1 m lang
- Pinsel
- UHU Alleskleber lösungsmittelfrei

1 Suche dir beim Gemüsehändler zwei schöne Kürbisse aus – oder vielleicht habt ihr sogar einen tollen Kürbis im Garten?

2 Male den Kürbissen nun lustige Punkte in Flieder bzw. Hellblau auf. Du kannst sie auch mit einem Stupfpinsel auftupfen.

3 Die Wollfäden um die „Taillen" oder Stiele der Kürbisse wickeln und die Enden fixieren, indem du sie unter das bereits Gewickelte steckst. Lass dir dabei helfen, wenn es zu schwierig ist.

4 Klebe die Augen auf die beiden Kürbisse. Nun hast du für Erntedank oder Halloween eine freundliche Deko für den Eingangsbereich, die Terrasse oder das Fensterbrett.

Lustige Fledermäuse
nächtliches Flattern

Das brauchst du

- Wattekugeln, ø 3 cm
- rote Beeren
- Eichelhüte, Zapfen oder Holzstück
- Draht
- Zweige
- Bucheckern
- Herbstblätter

1 Klebe in die Mitte der Wattekugel die Beere und male dann die Augen und den Mund. Die Wangen mit Buntstiftabrieb färben (siehe Allgemeine Anleitung, Seite 7).

2 Als Körper einen Zapfen oder ein Holzstück nehmen. Du kannst auch Eichelhüte aneinanderkleben (gut trocknen lassen). Für die Beine Draht um den Körper legen und zum Befestigen die Enden eng an dem Zweig verdrehen.

3 Für die Ohren Bucheckern zuschneiden und ankleben. Den Kopf – eventuell mit einem Blatt dazwischen – an den Körper kleben und Blätter als Flügel ankleben.

Tipp: Diese witzigen Fledermäuse kannst du an Zweigen hängen lassen. Einfach den Draht von den Beinen um das Holz wickeln, den Überstand mit einem Seitenschneider kürzen. Den Ast mit einer Schnur am Fenster anbringen. Als Nase kannst du auch kleine rote Holzperlen nehmen. Für die Ohren eignen sich auch Pistazienhüllen oder Ahornsamen.

8+

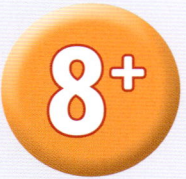

Nicht lange **fackeln!**

feuriges Vergnügen

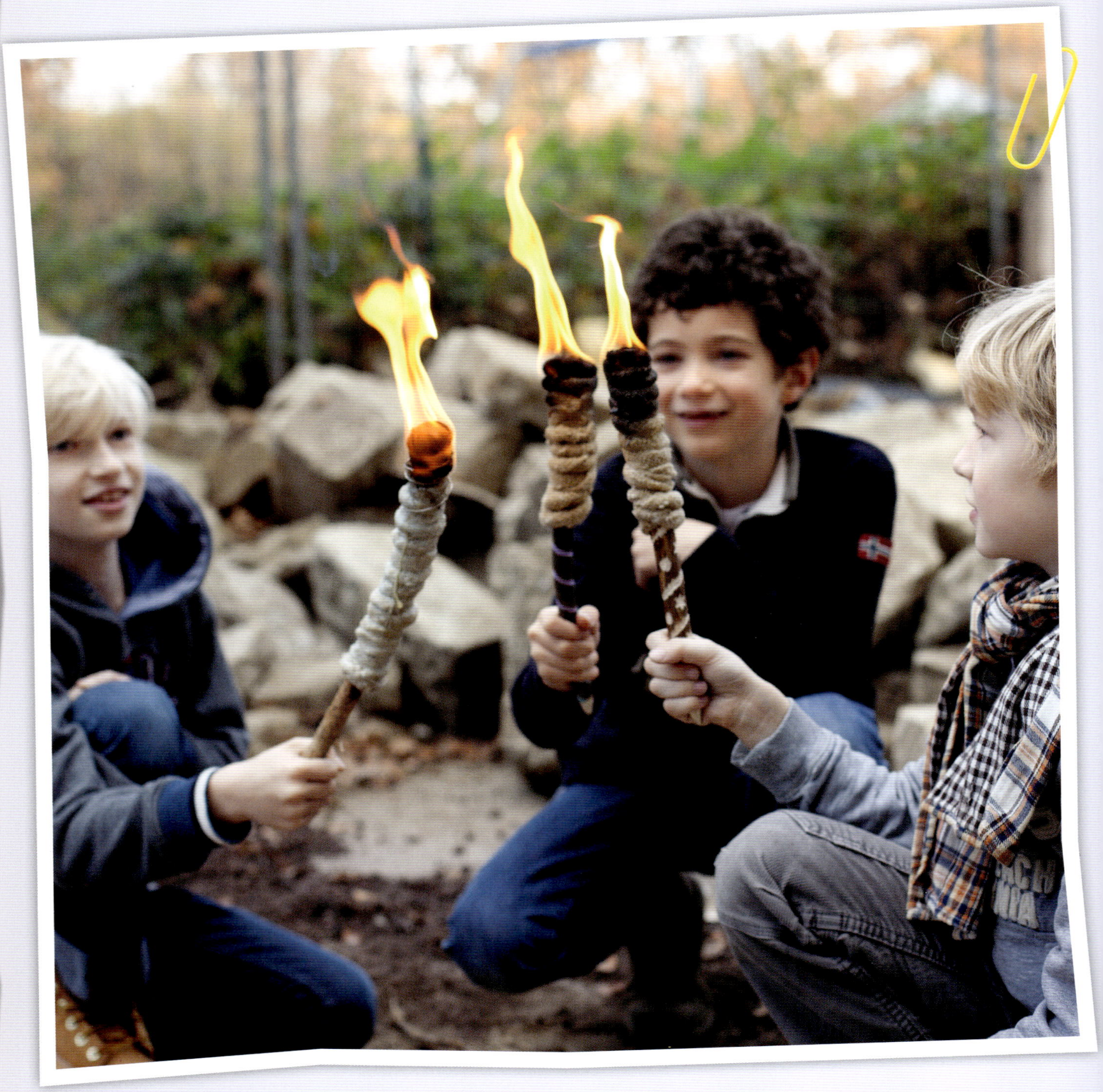

Das brauchst du

- Stock, 40 cm lang
- Jute, 0,12 m × 1,50 m
- Acrylfarbe in Helllila und Türkis
- Grabkerze
- Draht, ø 0,75 mm, 50 cm lang
- Pinsel
- Schere
- Schnitzwerkzeug
- alter Kochtopf
- Alufolie
- Nägel
- Hammer

1. Suche dir einen Stock, der etwa 40 cm lang ist. Den Jutestoff wie in der Abbildung gezeigt eindrehen und um den oberen Bereich des Stockes wickeln. Wenn ungefähr 20 cm mit Jute bedeckt sind, kannst du das Ende des Jutestoffs mit einem kleinen Nagel befestigen.

2. Zum Verschönern des Griffes mit einem Schnitzwerkzeug Kerben einritzen und diese mithilfe eines Pinsels mit Acrylfarbe in Türkis und Helllila bemalen. Am unteren Ende kannst du den Stock leicht anspitzen, damit du deine Fackel auch in den Erdboden stecken kannst. Benutze dazu ein Schnitzmesser. Wenn du mit Schnitzwerkzeugen noch nicht vertraut bist, bitte einen Erwachsenen um Hilfe!

3. Da die Fackel nur brennt, wenn die Jute wachsdurchtränkt ist, musst du nun vorsichtig, möglichst im Wasserbad, auf niederer Flamme das Grabkerzenwachs erwärmen. Dabei sollte dir ein Erwachsener assistieren. Nimm dir einen Pinsel und bestreiche damit großzügig den gesamten Jutebereich der Fackeln. Je mehr Wachs du aufbringst desto schöner brennt die Fackel!

4. Zu guter Letzt die Jute mit Draht umwickeln, um sicher zu stellen, dass sie beim Anzünden nicht abfallen kann.

Kronjuwelen
Halsketten aus Naturfundstücken

Das brauchst du

- 11 Holzperlen in Rot und Braun, ø 1,5 cm
- 36 Holzperlen in Natur, Weiß, Gelb, Lila, Hellblau, Dunkelblau, Pink, Rosa, Dunkelrot, Orange und Grau, ø 1 cm
- 48 Hagebutten
- extrastarkes Nähgarn in Weiß, 70 cm lang
- Nadel

1. Hagebutten sind Rosenfrüchte. Erntezeit ist im Herbst, wenn die Rosen verblüht sind.

2. Fädle das Garn auf die Nadel und mache einen Knoten in das Fadenende.

3. Reihe nun abwechselnd Holzperlen und Hagebutten auf das Garn. Die Hagebutten am stabilen Stielansatz durchstechen.

4. Verknote beide Fadenenden miteinander, sobald alle Hagebutten und Perlen aufgefädelt sind.

Tipp: Hecken- und Hundsrosen haben ganz andere Früchte als die gezüchteten Gartenrosen. Du findest sicherlich ganz verschiedenen Formen und Größen! Übrigens: Aus den Samen der Hagebutte lässt sich Juckpulver gewinnen!

Vögel und Blumen
machen Freude

Das brauchst du

- Bierdeckel oder Schachteln
- Maiskörner
- Kürbiskerne
- Couscous
- Leinsamen
- Wacholderbeeren
- Flügelnüsse (Früchte der Esche)
- Lindenblüten
- Ästchen
- Teelicht
- Papprest
- Holzleim

Vorlage
Seite 151

1 Als Untergrund dienen runde Bierdeckel (für das Tischlicht auf 6 cm Durchmesser zugeschnitten) oder Schachteln. Bestreiche den Untergrund mit Holzleim (oder Alleskleber) und bedecke ihn mit dem gewünschten Material, hier Couscous. Gut trocknen lassen.

2 Klebe dann die gewünschten Materialien von außen nach innen rundum auf. Die Kürbiskerne ragen hier zur Hälfte über den Deckelrand hinaus. Trage immer nur ca. 3 cm lange Leimstriche auf und drücke die Materialien schnell auf, sodass der Leim nicht antrocknen kann und die Körner, Früchte und Samen gut haften.

3 Bei dem Teelichthalter muss ein ausreichend großes Loch zum Einstellen des Teelichtes frei bleiben. Falls das Loch noch zu groß ist, klebe einfach noch eine Reihe Erbsen dazu. Die Schachteln sind übrigens genauso gemacht, hier klebst du noch Blumen in die Mitte.

4 Für den Vogel Umriss und Innenlinie abpausen und sie auf den Bierdeckel übertragen. Bestreiche nur diese Fläche mit Leim, drücke Maiskörner (Flügellinie) und Wacholderbeere (Auge) auf und bestreue den Rest mit Couscous. Gut trocknen lassen. Dann Erbsenrand und Leinsamenhintergrund auf den Couscous. Wieder trocknen lassen, bevor Lindenblütenschwanz und Kürbiskernschnabel folgen.

5 Für die Eule beklebst du den Bierdecke von unten nach oben mit Flügelnüssen. Gut trocknen lassen. Inzwischen schneide die Augenkreise aus Pappe zu, beklebe sie von außen nach innen mit Erbsen und Couscous und setze danach die Astscheibe mit der Wacholderbeere auf. Den Schnabel und darüber die Augen aufkleben und die Aststücke von der Rückseite anbringen.

Knochenmann
nudeliger Wächter

7+

Das brauchst du

- Blumendraht, ø 0,8 cm, 3 m lang
- 40 Makkaroni
- 10 Holzperlen, ø 0,5 cm
- 10 Holzperlen, ø 1 cm
- 9 Holzperlen, ø 0,7 cm
- 12 Quadrelli
- 6 Hörnchennudeln
- Acrylfarbe in Weiß
- Nachtleuchtpigmente
- Permanentmarker in Schwarz
- Glitzerherzaufkleber, ø 1,8 cm
- Pinsel
- Seitenschneider

1. Nimm dir für die Beine je ein 50 cm Stück Draht und fädele eine Makkaroni an ein Ende und anschließend eine kleine Holzperle. Den Draht, der aus der Holzperle steht, biegst du um und fädelst ihn erneut durch die Makkaroni. Das gleiche machst du mit zwei weiteren Makkaroni und Perlen.

2. Den Draht verdrehst du einmal oben und fädelst weitere Perlen und Makkaroni auf. Immer da, wo die Gelenke sind, setzt du eine Perle ein. Auf diese Weise machst du dir zwei Beine. Genauso gehst du mit den Armen vor, nur dass du eine Makkaroni durchbrichst, damit der Daumen kürzer ist als die Finger.

3. Mit einem 70 cm-Draht fädelst du mit den Quadrelli ein Becken. Die Wirbelsäule und die Rippen sind aus gefädelten Makkaroni und Hörnchennudeln.

4. Mit dem letzten Stück Draht formst du den Kopf, indem du den Draht immer von links nach rechts durch eine Quadrelli und dann durch die nächste Quadrelli von rechts nach links durchschiebst. Es müssen immer zwei Drahtstränge durch eine Quadrelli gezogen werden.

5. Wenn du alle Einzelteile hast – Beine, Arme, Körper, Kopf – die Drähte miteinander verdrehen. Die überstehenden Stücke kannst du mit einem Seitenschneider abschneiden.

6. Mische fünf Esslöffel Acrylfarbe mit einem Drittel Beutel Leuchtpigmente und male dein Nudelskelett damit an.

7. Wenn alles trocken ist, kannst du noch ein Gesicht mit wasserfestem Stift aufmalen und dein Skelett mit einem Herzaufkleber verzieren. Der leuchtende Knochenmann beschützt dein Baumhaus vor anderen Banden!

Schrumpfkopf
Horrorfratze

6+

Das brauchst du

- Kartoffel
- Holzstäbchen
- zwei Stecknadeln mit Kugelköpfen in Gelb
- Permanentmarker in Schwarz
- Gemüsemesser
- ggf. Blumentopf mit Erde

1 Schäle die Kartoffel. Schnitze ganz vorsichtig mit einem Gemüsemesser nun ein gruseliges Gesicht ein, lass dir eventuell dabei assistieren.

2 Stecke das Schrumpfkopfgesicht auf ein Holzstäbchen. Die Augen machst du aus Stecknadeln, die du tief in die Kartoffel piekst.

3 Den Schrumpfkopf zum Trocknen in einen Blumentopf stecken. Beobachte die Veränderungen an dem Gesicht – das kann über eine Woche gehen: Erst wird es graubraun werden und dann immer mehr zusammenschrumpeln, bis es ganz viele Falten hat und nur noch ganz klein ist.

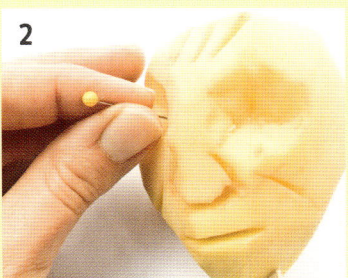

Villa Kunterbunt
kleines Vogelhaus

Das brauchst du

- Holz-Bauset „Vogelhaus", 11 cm × 10,5 cm 17 cm
- Lieblings-Naturmaterialien
- Fugenmasse in Weiß, 250 g
- Acrylfarbe in Terrakotta und Türkis
- Balsaholz, ø 8 mm, 10 cm × 10,5 cm
- Sprühlack in Klar
- UHU Alleskleber SUPER strong & safe
- Spachtel
- Gefäß

1. Lege das Vogelhaus-Bauset bereit. Arbeite am besten draußen.

2. Sammele nun die unterschiedlichsten Naturfundstücke, mit denen du dann dein Vogelhaus verzierst. Prima sind Bucheckern, Scherben, bunte Steine, Bachkiesel, kleine Zapfen, Muscheln oder sogar Schrauben und Muttern.

3. Die Fugenmasse mit Wasser anrühren bis sie eine zahnpastaartige Konsistenz hat. Eventuell mit Acrylfarbe in Terrakotta einfärben.

4. Trage die Fugenmasse auf das erste Bauteil auf und drücke Fundstücke in die Masse. Bearbeite die Bauteile einzeln nacheinander, weil die Fugenmasse schnell trocknet. Über Nacht ruhen lassen.

5. Die Vogelhausgrundform wird nun noch zu einem Häuschen zusammengesetzt. Lass dir eventuell von einem Erwachsenen helfen. Aus Balsaholz kannst du mit Alleskleber dem Häuschen einen Sockel geben oder eine Aufhängevorrichtung zimmern. Bemale diese Zusatzteile in Türkis.

6. Jetzt ist die letzte Gelegenheit für Dekorationen: Beispielsweise kannst du Pistanzienhälften als Dachschindeln auf doppelseitigem Klebeband aufbringen, anmalen und am Dach befestigen.

7. Du solltest das Vogelhaus abschließend mehrmals mit Mattlack besprühen, damit es wetterfest wird.

Einfach dufte!
Malen mit Gewürzen

Das brauchst du
- Gewürzpulver (Curry, Paprika, Zimt und Kurkuma)
- Zeichenblock, A4
- Tonzeichenpapier in Sonnengelb, Orange und Hellbraun
- Haarpinsel
- Glas mit Wasser
- kleine Gläschen zum Anrühren
- Teelöffel

1 Gib einen Teelöffel Gewürzpulver in ein kleines Glas. 3–4 Teelöffel Wasser dazugeben und beides zu einem dünnen Brei verrühren. Für die anderen Duftfarben jeweils ein neues Glas und ein anderes Gewürz nehmen.

2 Nun kannst du auf dem Zeichenblockpapier ein Bild nach deinen Vorstellungen malen. Bevor du mit einer anderen Duftfarbe malst, solltest du deinen Pinsel erst gründlich auswaschen.

3 Das Duftbild trocknen lassen. Du kannst beim Malen und danach schon die verschiedenen Düfte riechen.

4 Wenn du dein Bild auf ein farbiges Tonpapier klebst, das etwas größer ist als das Blatt, hast du einen schönen Rahmen für dein Duftbild.

Tipp: Male diese Gewürzbilder doch im Rahmen einer Orientwoche. Lass dir die Märchen aus 1001 Nacht vorlesen und die Bilder von Bazaren zeigen. Die Gewürzbilder regen zum bewussten Riechen und Sehen an. Der ungewöhnliche Ansatz fördert auch die Kreativität.

Wilde **Hexen**
treiben ihr Unwesen

Das brauchst du

- Kürbisse
- Acrylfarben
- wasserfester Marker
- Fotokartonrest in Schwarz
- Schaschlikspieß
- verzweigte Äste
- Bast

1. Bohre mit einem Frühstücksmesser ein Loch in den kleineren Kürbis, das groß genug ist, dass er auf den Stiel des größeren aufgesteckt werden kann.

2. Nun geht's ans Bemalen. Male die Fläche nacheinander auf, also erst den lilafarbenen Rock und nach dem Trocknen die Flicken.

3. Augen und Mund sowie die Flickennähte mit wasserfesten Filzstiften, die Wangen und die Lichtpunkte mit Acrylfarbe zeichnen. Die Hutkrempe ist aus Fotokarton, Größe und Form des Hutloches misst du vorher am Besten an deinem Kürbis aus.

4. Stich nun die Löcher für die Arme und Nase mit einem Schaschlikspieß vor und stecke die Aststücke hinein. Klebe noch etwas Naturbast als Haare unter der Hutkrempe auf den Kürbis – schon ist die Hexe fertig.

Kokosnusstasche
witziges Accessoire

Das brauchst du

- 1 Kokosnuss
- Glattleder in Braun, 1 Stück à 5 cm x 4 cm
- 1 Rolle Zwirn in Braun
- 1 Nähnadel
- 2 Reißverschlüsse in Braun, 30 cm und 15 cm lang
- Baumwollstoff, 1 Stück à 30 cm x 40 cm
- Bohrer, ø 2 mm und 5 mm
- Jutekordel in Natur, 3m lang
- 1 Bogen Schleifpapier
- Puksäge

Vorlage
Seite 153

1. Das mittlere Auge der Kokosnuss einstechen und die Milch auslaufen lassen.

2. Die Nuss vorsichtig durchsägen und das Fleisch entnehmen. Lass dir beim Sägen am besten von einem Erwachsenen assistieren. Außen die Kokosfasern abziehen und gründlich mit dem Schleifpapier abschleifen.

3. Ca. 5 mm vom Rand entfernt im Abstand von je ca. 8 mm beide Hälften ringsherum mit Löchern, ø 2 mm, versehen. Für die Trageschnur 5 cm vom oberen Rand entfernt in beide Hälften je eine Bohrung mit Durchmesser 5 mm bohren.

4. Gegenüber den Augen (unten) die lange Seite des Lederrests mit der glatten Fläche an die gesägte Außenkante legen. Mit dem Faden (immer doppelt nehmen) durch die Löcher an einer Nusshälfte anheften. Ebenso die zweite lange Kante des Leders an der zweiten Nusshälfte annähen. Das Leder hält die Tasche beim Öffnen zusammen.

5. Den Reißverschluss öffnen. Die Vorderseite auf die Außenkante der Kokosnuss legen. Der untere Reißverschlussteil liegt über dem angehefteten Leder, der Reißverschlussrand liegt an dem Kokosnussrand. Jetzt kannst du mit einfachen Stichen durch die Bohrungen den Reißverschluss an beiden Hälften anheften.

6. Schneide die Jutekordel in drei Teile und flechte diese zur Trageschnur. Den Zopf durch die Löcher führen und innen verknoten.

7. Den Stoff nach Vorlage zuschneiden. Den kleinen Reißverschluss mit der Hand einnähen, die kleine Naht schließen.

8. Hefte das Taschenfutter ebenfalls durch die Löcher am Nussrand an. Zum Schluss den großen Reißverschluss umstülpen und verschließen.

Tipp: Das Annähen der Innentasche ist etwas tüftelig. Wer ganz ungeduldig ist, benutzt die Tasche ohne Innentasche.

3+ Tatort
Körperumriss aus Naturmaterial

Motivgröße
Körpergröße des Kindes

Das brauchst du
- ca. 100 Kastanien
- Straßenkreide in verschiedenen Farben

1. Sammele einen Korb voller Kastanien. Vielleicht brauchst du für diese Menge gleich mehrere Spaziergänge.
2. Lege dich auf einen für Malkreide geeigneten Untergrund, beispielsweise den Gehweg.
3. Mit Straßenkreide zeichnet dein Assistent deinen Umriss grob auf den Untergrund.
4. Nun kannst du mit den Kastanien deinen eigenen Körperumriss auslegen.

Tipp: Kastanien können auch eingefroren werden. So kann der passende Bastelzeitpunkt selbst bestimmt werden. Oder du verwendest Zapfen, Blüten oder Kieselsteine für den Naturkerl.

Herbstadel
Blätterkrone für Herbstkönige

1. Du sammelst etwa zehn Ahornblätter in leuchtenden Herbstfarben, schneidest mit einer Kinderschere die Stiele der Blätter ab und sortierst sie der Größe nach. Wenn du keine Schere hast (oder noch keine benutzen kannst), geht das auch mit den Fingernägeln.

2. Die ersten Schneideversuche machst du am besten gemeinsam mit einem Erwachsenen.

3. Den gelben Papierstreifen auf einen ebenen Untergrund bereitlegen. Dann beginnst du damit, die Blätter der Größe nach auf den Streifen zu legen. Das größte Blatt kommt in die Mitte der Krone (Blattzacken zeigen nach oben). Die restlichen Blätter werden immer kleiner links und rechts auf den Streifen gelegt.

4. Wenn dir die Farbmuster und Verläufe der Blätter gefallen, kann dein Helfer diese am Papier festklammern. Dann wird der Pappstreifen umgeschlagen, sodass die Heftklammern dich nicht am Kopf reiben. Lass deinen Kopfumfang von einem Erwachsenen abmessen, auf den Streifen übertragen und das Band mit dem Hefter entsprechend zusammenheften.

Tipp: Diese Bastelarbeit eignet sich gut für Kindergruppen. Anschließend gibt es viele Herbstkönige, -königinnen, -prinzen und -prinzessinnen zu bestaunen!

Motivhöhe
ca. 10 cm

Das brauchst du

- ca. 10 Ahornblätter in intensiven Herbstfarben
- Fotokarton in Gelb, 6 cm x 60 cm
- Bürohefter
- Kinderschere

Herbstblätter-Leuchte
Farbe aufwalzen

Motivhöhe
Laterne 22 cm
kleines Windlicht 12 cm

Das brauchst du

- frische Blätter von verschiedenen Bäumen
- Linoldruckfarben auf Wasserbasis in Gelb, Rot und Grün
- Linoldruckrolle mit Plastikunterlage oder Glasplatte
- Transparentpapier in Weiß
- Architektenpapierstreifen, 50 cm x 20 cm
- 2 Tonpapier- oder Fotokartonstreifen in Hellgrün, 53 cm lang und 2,5 cm breit
- 2 Tonpapier- oder Fotokartonstreifen in Orange, 33 cm lang und 2,5 cm breit
- je 1 Käseschachtel, ø 15 cm und 10 cm
- Tetrapack, 9 cm x 9 cm
- Papierklebeband, ca. 3 cm breit
- Behälter für Wasser
- Lappen
- Klebstoff

1. Lege die frischen Blätter, die du gesammelt hast, nebeneinander auf einen ebenen Untergrund.

2. Lass dir dabei helfen, das Transparentpapier auf die Blätter zu legen und mithilfe von Kreppband auf dem Untergrund zu fixieren.

3. Jetzt rollst du einen Klecks der dunkleren der zwei Farben auf der Plastikunterlage aus. Dann rollst du die Walze auf einem Universalpapier ab, damit die überschüssige Farbe weggenommen wird.

4. Die farbige Walze wird mit Druck über das Motiv gerollt. Eventuell noch mal Farbe aufnehmen. Die Walze mit Wasser säubern. Den Vorgang mit der helleren Farbe, hier Gelb, wiederholen. Farbe trocknen lassen. Nur zwei Farben verwenden, sonst werden die Blätter nur unschön braun und die Strukturen der Herbstblätter kommen nicht mehr richtig zur Geltung.

5. Jetzt kann das Papier nach Wunsch zu Windlichtern, Laternen, Karten oder Fensterbildern weiterverarbeitet werden: Für die Laterne den bearbeiteten Architektenpapierstreifen, 50 cm x 20 cm, erst um den Rand des unteren Teiles der Käseschachtel kleben. Den Rand des oberen Teils mit Klebstoff einstreichen, oben einsetzen und die Seiten zusammenkleben. Lass deinen Helfer abschließend einen elektrischen Laternenstab am Laternendraht anbringen.

6. Der Boden für das quadratische Windlicht ist aus einem Eistee-Tetrapack gefertigt. Der Rand ist 2,5 cm hoch. Das bedruckte Papier ist 40 cm x 20 cm groß und wird unten um den Rand geklebt und an den Seiten mit Kleber fixiert. Nun kannst du ein Teelicht einsetzen. Das kleine Windlicht aus einem Papierstreifen von 35 cm x 12 cm herstellen und oben und unten mit einem orangefarbenen Tonpapierstreifen bekleben.

Tipp: Größere Kinder können diese Technik mit Scherenschnittmotiven kombinieren. Diese Laternen sehen besonders reizvoll aus.

Bei den Indianern
auf ins Abenteuer

Modellgröße
ca. 32 cm und 35 cm

Das brauchst du
- 2 Baumstämme, ø 8 cm, ca. 28 cm und 32 cm hoch
- 2 Hagebutten
- Wollreste in Schwarz, Gelb, Rot und Grün
- Wellpapperest in Natur
- Tonpapierreste in Hellgrün und Rot
- Federn in 3 x in Gelb und 3 x in Rot
- Papierkordel in Natur, ø 2 mm, 3 x 10 cm lang
- 3 gebohrte Holzscheiben, ø 1,5 cm, 5 mm stark
- verschiedene Blätter
- 4 Zweige
- Acrylfarbe in Schwarz und Weiß
- Filzstift in Rot
- Buntstift in Rosa
- Fuchsschwanz
- Bohrer, ø 2 mm
- Stopfnadel

Vorlage
Seite 153

1 Den Baumstamm an einem Ende schräg absägen (lass dir dabei am besten von einem Erwachsenen helfen), das Gesicht und die Haare gemäß der Vorlage gestalten, die Wangen, wie in der Allgemeinen Anleitung auf Seite 7 beschrieben, röten und eine Hagebutte als Nase aufkleben.

2 Beim Indianerjungen schwarze Wollfäden bündeln und mit Heißkleber oben am Kopf fixieren. Für die Frisur des Mädchens aus mehreren Wollfäden zwei dicke Zöpfe flechten, unten mit gelber Wolle abbinden und seitlich am Kopf anbringen.

3 Die Stirnbänder aus Wellpappe gemäß der Vorlage zuschneiden, das Muster mit der Zirkelspitze vorstechen, dann mit bunten Wollfäden aufsticken. Klebe die Wellpappestreifen mittig auf den roten bzw. hellgrünen Tonpapierstreifen und fixiere die fertigen Stirnbänder samt der Federn am Kopf.

4 Die Kordel um einen Bleistift wickeln, kurz festhalten und wieder loslassen, damit sie sich kringelt, und in die gebohrte Holzscheibe kleben. Beim Indianermädchen rund um den Körper die Blätter anbringen, darüber einen Wellpappestreifen als Gürtel kleben und um den Streifen einige farbige Wollfäden binden. Befestige dann die Holzscheiben als Knöpfe an den Figuren.

5 Zum Schluss noch seitlich an den Stämmen je zwei Löcher bohren und die Zweige als Arme hineinkleben. Fertig!

Holzungeheuer
erschreckt kleine Geschwister

Das brauchst du

- Trockenbohnen
- Terrakottascherbe (Fundstück)
- Federn
- Muscheln
- Baumrinde oder Holzlatte (Treibholz)
- 2 Stöcke
- Stoff- und Fotokartonreste
- Holzscheiben
- Kieselstein
- Maiskörner
- Spiralnudeln
- Faden oder Kordel
- Alleskleber
- Holzleim

1. Klebe mit Alleskleber Trockenbohnen als Zähne auf die Terrakottascherbe. Die Scherbe hat geschliffene Kanten und ist ein Fundstück vom Strandspaziergang.

2. Fixiere dann mit Alleskleber die Feder, Muscheln und den vorbereiteten Mund auf der Holzlatte. Ergänze mit Holzleim das Holzstück als Hut.

3. Male mit einem schwarzen, wasserfesten Stift die Augen auf und klebe noch zwei Stöcke als Arme an. Holzleim am besten über Nacht trocknen lassen oder Express-Holzleim verwenden.

4. Für die Eule klebe Leinen auf Karton und schneide zwei Kreise für die Augen aus. Klebe Holzscheiben und rundherum kleine Trockenbohnen auf und male die Pupille auf.

5. Die Augen dann auf die Baumrinde kleben und einen schönen Kieselstein als Schnabel aufsetzen.

6. Ergänze abschließend die Maiskörner, Federn und Nudeln. Zum Aufhängen können Löcher in die Figuren gebohrt und Faden oder Kordel eingezogen werden.

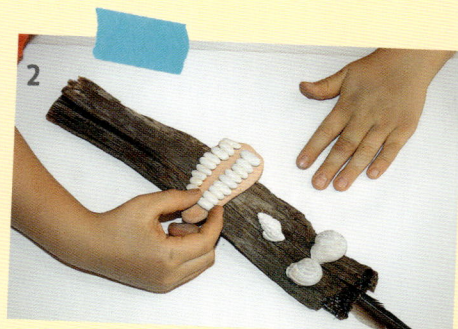

Keine Langweile
Spielfeld zum Mitnehmen

7+

Das brauchst du
- Moosgummirest
- doppelseitiges Klebeband
- Kartonreste
- Filzplatte in Cremeweiß, 27 cm x 27 cm, 3 mm stark
- Lederimitat in Mittelbraun, 30 cm x 45 cm
- Textilfarbe in Weiß, Rosa, Rot, Grün, Gelb und Schwarz
- Nähgarn in Grün, 2,50 m lang
- 2 Lederbänder in Mittelbraun, 50 cm lang
- 16 Steinchen
- Stecknadeln
- Nähnadel
- Schere
- schmaler Borstenpinsel
- Küchenrolle
- Würfel

Vorlage
Seite 154

Spielfeld

1 Fertige drei verschiedene Moosgummistempel an. Schneide zwei Kreise mit ø 1,5 cm und ø 1,2 cm und einen Ring mit ø 2 cm aus. Klebe jede Form einzeln mit doppelseitigem Klebeband auf einen Kartonrest.

2 Übertrage die Spielfeldvorlage im Anhang auf die Filzplatte.

3 Zunächst mit dem größeren Kreis die Hauptfelder stempeln: Bestreiche den Moosgummikreis mit Farbe und drücke ihn vorsichtig aber kräftig an entsprechender Stelle auf die Filzplatte. Achtung: Bei einem Farbwechsel solltest du den Stempel zunächst mit einem Stück Küchenrolle sauber wischen.

4 Fahre mit dem kleineren Kreis auf die gleiche Art und Weise fort.

5 Stemple zuletzt die schwarzen Ringe über jedes Hauptfeld. Die Filzplatte zum Trocknen beiseite legen.

6 Schneide ein 30 cm x 30 cm großes Quadrat aus dem Lederimitat aus, lege es mit der Rückseite nach oben vor dich hin, falte die Ränder um 2,5 cm nach innen und stecke sie mit Stecknadeln ordentlich fest.

7 Lege die Filzplatte mittig darauf, stecke sie mit Stecknadeln fest und nähe beides mit einem Heftstich zusammen. Dafür das Nähgarn auf die Nadel fädeln und einen Knoten in das Fadenende machen. Stich auf der Rückseite der Filzplatte ein und auf der Vorderseite wieder heraus. 1 cm weiter wieder einstechen und aus dem Lederimitat wieder herausstechen. Halte dabei ungefähr 5 mm Abstand zum Filzrand.

8 Nun kannst du das Spielbrett einrollen und mit einem Lederriemen verschließen.

Säckchen

1 Schneide einen Kreis mit Durchmesser 12 cm aus dem restlichen Lederimitat aus.

2 Mit der Scherenspitze kleine Löcher im Abstand von 1 cm aufeinander folgend und mit 5 mm Abstand zum Stoffrand einschneiden.

3 Fädele das Lederband ein und schiebe den Stoff zusammen. Schon hast du ein Säckchen für deine Spielsteine!

Spielsteine

Male die Oberseite der Kiesel mit Textilfarbe an. So haben sie dieselbe Farbe wie die Spielfelder. Bemale immer vier Steinchen in einer Farbe, sodass du vier grüne, vier rosafarbene, vier rote und vier gelbe Steine hast.

Winter-spaß

Der Winter zaubert aus Feld und Wiesen eine elegante Eislandschaft. Doch als aufmerksamer und fantasievoller Sammler hält auch diese Jahreszeit allerlei Material für dich bereit. Neben grünen Tannenzweigen und leuchtendrote Hagebutten kann auch ein schlichter Ast mit dem richtigen Anstrich zu einem einmaligen Kunstwerk werden, das am Weihnachtsabend alle Blicke auf sich zieht. Auf in die gemütlichste Bastelzeit!

Niedliche Nikoläuse
bringen ihre Gaben

Motivlänge
Zapfen-Nikolaus ca. 21 cm
Waschlappen-Nikolaus ca. 10 cm

Das brauchst du

Zapfen-Nikolaus
- durchgebohrte Rohholzkugel, ca. ø 3 cm
- Acrylfarbe in Schwarz und Rosa
- Satinbänder in Rot, 3 mm breit, 2 x 20 cm lang
- Nikolausmütze aus Filz, 10 cm hoch
- Kiefernzapfen

Waschlappen-Nikolaus
- Fotokartonreste in Rot, Weiß und Hautfarbe
- Kräuselband in Rot, 50 cm lang
- Waschlappen in Rot, ca. 15 cm x 19 cm
- Buntstift in Rot
- feiner Filzstift in Schwarz

Vorlage
Seite 153

Zapfen-Nikolaus

1 Das Gesicht auf die Holzkugel übertragen und mit Acrylfarben bemalen, nach dem Trocknen Lichtpunkte (Lackmalstift in Weiß) auf Augen und Nase ergänzen. Verknote die Enden des ersten Satinbändchens miteinander und klebe den Knoten in die Bohrung der Kugel.

2 Die Mütze auf die Kugel setzen und an der Stelle über der Bohrung der Kugel ein kleines Loch in den Filz schneiden. Ziehe das Bändchen hindurch und klebe die Mütze fest.

3 Den Kopf mit Alleskleber am Kiefernzapfen fixieren. Das zweite Satinband umlegen und zur Schleife binden.

Waschlappen-Nikolaus

1 Alle Teile auf Fotokarton übertragen und ausschneiden. Klebe das Gesicht von hinten an den Bart. Auge, Nase, Mund und Wangen ergänzen. Befestige die Mütze ebenfalls von hinten an dem Bart.

2 Auf der Rückseite des Nikolauskopfes das Kräuselband fixieren.

3 Fülle den Waschlappen mit kleinen Geschenken und verschließe ihn mit dem Nikolauskopf. Da freuen sich die Geschwister!

Winterboten
Wichtel und Fee

Motivhöhe
ca. 20 cm

Das brauchst du

Pro Figur
- gebohrte Rohholzkugel, ø 3 cm
- Rohholzhalbkugel, ø 6 mm
- 2 gebohrte Rohholzkugeln, ø 1 cm
- Papierdrahtkordel in Orange oder Gelb, ø 2 mm, 2 x 5 cm und 2 x 8 cm lang
- Faden in Natur, ø 1 mm, 30 cm lang
- 2 Hagebutten oder 2 kleine Mohnkapseln
- dünne Häkelnadel
- Prickelnadel

Prinzessin und Fee
- gebohrte Holzkugel oder Wattekugel, ø 2 cm Transparentpapierrest
- Margerite in Rosa oder Gelb
- 7 längliche Blätter, 10 cm lang (Prinzessin), oder 8 Robinienblätter, 7 cm lang (Fee)
- Märchenwollrest in Ocker oder Grün
- Nigella tropicalis (Krone der Prinzessin)
- Filzrest in Hellrot (nur Fee)
- 2 Mondviolenblätter (nur Fee)

Wichtel links
- Mohnkapsel, ø ca. 5 cm
- 2 gebohrte Holzscheiben, 8 mm stark, ø ca. 2,5 cm
- Holzperle in Orange, ø 8 mm
- Bastfadenreste in Gelb
- Filzrest in Hellgrün
- 2 Mondviolenblätter

Waldbub
- Mohnkapsel, ø ca. 5 cm
- getrocknete Orangenscheibe, ø 5 cm
- kleiner Zapfen, ø ca. 3 cm
- Isländisches Moos in Hellgrün
- Kastanienhülle

Vorlage
Seiten 147+154/155

Alle Figuren

Die kleine Halbkugel als Nase auf die große Rohholzkugel kleben. Male die Augen und Münder mit Filzstift auf. Die Wangen wie in der Grundanleitung beschrieben röten. Für die Arme klebst du die gebohrten Holzkugeln an die Papierdrahtkordelstücke. An die Beinstücke je eine Hagebutte oder eine Mohnkapsel als Füße anbringen.

Prinzessin und Fee

1 Die beiden Beine in das Loch der Watte- oder Holzkugel kleben. Füge dann den Transparentpapierrock zusammen und klebe ihn auf die Kugel. Darüber rundherum die Blätter mit Heißkleber fixieren. Einen Doppelfaden verknoten und durch die Margerite und den Kopf ziehen.

1 Fixiere die Armstücke und den Kopf samt Margerite auf dem Körper. Die Haare befestigen und die Krone (ggf. aus Papier) bzw. die Mütze aufkleben. Die Mondviolen als Flügel ankleben. Den Aufhängefaden mit der Häkelnadel durch die Mütze bzw. Krone ziehen.

Wichtel links

1 Mit dem Bohrer oder einer Prickelnadel unten in die Kapsel zwei Löcher bohren und die Beine hineinkleben. Lass dir dabei eventuell von einem Erwachsenen helfen. Verknote nun einen Doppelfaden und ziehe diesen durch die zwei Holzscheiben, die Perle und den Kopf. Unter der oberen Holzscheibe die Arme fixieren.

2 Die Bastfäden auf dem Kopf fixieren. Den Hut aus Filz zuschneiden, zusammenfügen und auf den Kopf kleben. Nun kannst du den Faden mit einer Häkelnadel durch die Mütze ziehen. Den Oberkörper auf den Rumpf kleben und die Flügel von hinten fixieren.

Waldbub

1 Die Beine kannst du wie beim Wichtel fixieren. Klebe die Orangenscheibe auf die Kapsel. Einen Aufhängefaden verknoten und durch den durchbohrten Zapfen sowie den bemalten Kopf ziehen. Als Haare Isländisches Moos aufkleben, darüber die Kastanienhülle befestigen. Klebe die Arme an den Zapfen und füge schließlich Ober- und Unterkörper zusammen.

Advents-Theater
aus Erdnusshälften

Motivhöhe
ca. 3,5 cm

Das brauchst du

Frosch
- Erdnuss
- Acrylfarbe in Hellgrün
- 2 Holzperlen in Weiß, ø 8 mm
- Bastelfilzrest in Gelb

Clown
- Erdnuss
- Acrylfarbe in Weiß und Rot
- Naturbastrest in Orange
- Velour-Zylinder in Schwarz, ø 2 cm

Wichtel
- Erdnuss
- Acrylfarbe in Rot
- Naturbast in Gelb-Orange
- Bastelfilzrest in Hellblau

Königin
- Erdnuss
- Acrylfarbe in Hellblau und Rot
- Wellpapperest in Gelb
- Goldpapierrest

König
- Erdnuss
- Acrylfarbe in Weiß, Schwarz und Rot
- Märchenwolle in Weiß
- Goldpapierrest
- Zackenlitze in Gold, 6 mm breit, mindestens 6 cm lang

Vorlage
Seite 151

1 Schneide die Erdnüsse mit einer Nagelschere vorsichtig auf und halbiere sie. Die Erdnusshälften am unteren Rand so weit abschneiden, dass ein Finger hineinpasst.

2 Nun kannst du bei allen Figuren die Gesichter und Verzierungen aufmalen: Mund und Augen mit Permanentmarker oder Filzstift, alle anderen Flächen mit Acrylfarbe.

3 Den Frosch vor dem Bemalen in Grün grundieren. Setze einen schwarzen Pupillenpunkt auf die Holzperlen und klebe die Augen fest. Die Krone aus Filz ausschneiden und hinter den Augen fixieren.

4 Für den Wichtel und Clown zuerst die Basthaare zuschneiden und auf den Kopf kleben. Klebe den Zylinder vom Clown wie abgebildet fest. Für den Wichtel gemäß Vorlage einen Filzhut herstellen, die Krempe zurechtbiegen und auf den Erdnusskopf kleben.

5 Für die Haare der Königin sechs Wellpappestreifen um einen Bleistift wickeln und zu Locken formen. Befestige jeweils drei Steifen auf der rechten und linken Kopfhälfte und klebe die Krone fest.

6 Etwas Märchenwolle zurechtzupfen und rechts und links am Kopf des Königs befestigen. Stelle die Krone gemäß Vorlage und Abbildung her und klebe sie auf den Kopf.

Tipp: Bastele die Motive auch aus ganzen Erdnüssen. Male dafür auf die unteren Erdnusshälften lustige Kleider oder Verzierungen!

Schmucker Baum
Sternenglanz im ganzen Haus

Das brauchst du

- Backpapier, A3
- Acrylfarbe in Hellblau, Karminrot und Hellgrün
- Metallicband in Kupfer, ø 2 mm, 2 m lang
- Bienenwachsplatte, 35 cm x 17 cm
- Plätzchenausstecher in Herz-, Stern- und Glockenform, ø 5 cm
- Schaschlikspieß
- Nadel
- Handtuch

Variante

- Backpapier, A3
- 100 g Wachsgranulat auf Parafinbasis in Weiß
- Plätzchenausstecher in Sternform
- Metallicband in Kupfer und Grün, ø 2 mm, 1,25 m lang
- alte Schnabeltasse
- alter Topf (alternativ Topf und Konservendose)
- Kreppklebeband

---

1 Bereite deine Weihnachtswerkstatt vor: Breite das Backpapier auf einem Handtuch aus und lege die Bienenwachsplatte darauf.

2 Stich mit dem Keksförmchen Anhänger aus der Platte.

3 Versehe alle Anhänger mithilfe einer Nadel mit Aufhängern aus 25 cm langen Metallic-Kordeln.

4 Dippe den Christbaumschmuck in Acrylfarbe und hänge ihn zum Trocknen auf. Vergiss nicht, eine Zeitung unterzulegen!

Tipp: Dippe nur die untere Hälfte des Ausstecherchens in (goldene) Farbe und streue dann sofort viel Goldglitzer darüber – das ist festlich!

Variante

1 Erhitze zusammen mit einem Erwachsenen das Wachsgranulat in einem alten Topf. Wenn ihr nur neue Töpfe habt, fülle den Boden des Topfs mit Wasser und stelle eine alte, leere Konservendose hinein. Granulat in die Dose, los geht's!

2 Breite das Backpapier auf einem Handtuch aus. Setze die Ausstechförmchen darauf.

3 Fixiere die Keksformen rundherum mit Kreppklebeband am Backpapier.

4 Gib das flüssige Wachs in eine ausrangierte Schnabeltasse. Lass dir dabei von einem Erwachsenen helfen.

5 Schütte etwas Wachs in jedes Förmchen. Lege dann den Aufhängfaden darauf. Warte kurz.

6 Gieße erneut etwas Wachs in jedes Förmchen. Lass alles gut abkühlen.

7 Die Anhänger aus den Formen lösen und den Christbaum damit schmücken.

Tipp: Auch alte Muffinbleche oder Silikonformen können verwendet werden, um diesen Baumschmuck herzustellen.

Geschenkpapier
fix gestempelt

5+

Das brauchst du
- Kartoffeln
- Küchenmesser
- Heißkleberpatrone, Wattestäbchen (für Punkte)
- Metall-Ausstechformen
- Bastel- oder Acrylfarben
- Packpapier

1. Für Kreise schneide eine Kartoffel in der Mitte durch und benutze eine Hälfte als Stempel. Für Quadrate schneide die halbe Kartoffel eckig zu. Punkte kannst du mit dem Pinselstiel, einer alten Heißkleberpatrone oder einem Wattestäbchen setzen.

2. Für Sterne, Herzen, Kronen und Blätter drücke eine Ausstechform ca. 5 mm tief in die Schnittfläche einer halben Kartoffel. Schneide mit einem Küchenmesser den Rand rundum ab.

3. Für die Tanne schneidest du die Kartoffel in eine Dreiecksform. Wenn der Kartoffeldruck trocken ist, male noch den Stamm mit einem Pinsel und den Schnörkel an der Spitze mit einem Bunt- oder Filzstift dazu.

4. Für den Vogelkörper nimmst du eine halbe Kartoffel. Lass den Stempelabdruck trocknen und male dann Schnabel, Flügel, Beine und Schwanzfeder dazu.

5. Für den Wichtelkopf brauchst du eine halbe Kartoffel, für die Mütze eine dreieckig zugeschnittene als Stempel. Bommel und Nase setzt du mit einem Pinselstiel auf. Die restlichen Linien nach dem Trocknen der Farbe mit Buntstift und wasserfesten Filzstiften (zum Malen auf dem Stempelmotiv) ergänzen. Eine Schleife aus Karoband macht sich auch sehr gut.

6. Für das Quadrat mit Ranken male zuerst den Rahmen auf das eingewickelte Papier. Die Stempel machst du wie in Schritt 2 beschrieben mit Ausstechformen.

7. Bastle wie beschrieben die benötigten Stempel und trockne die Schnittfläche nach dem Zuschneiden mit Küchenkrepp ab. Trage dann die Farbe mithilfe eines Pinsels gleichmäßig auf den Kartoffelstempel auf und drücke deinen Stempel fest auf das Papier. So stempelst du alle benötigten Motive nebeneinander.

Tipp: Du kannst das Packpapier vor oder nach dem Einpacken deiner Geschenke mit Kartoffeldrucken verzieren. Wenn Stempelmotive übereinanderliegen, lass immer einen Abdruck trocknen, bevor du einen weiteren daraufsetzt, damit die Farben sich nicht mischen.

1

2

3

4+ Fang die Maus!
gute Reaktion

Das brauchst du

- 5 Walnussschalenhälften
- Filzreste in Blau, Hellgrün, Pink, Gelb und Rot
- 5 Pompons in Rot, ø 1 cm
- Wollreste in Blau, Hellgrün, Pink, Gelb und Rot
- Fimo® in Grün
- Filz in Orange, steif, ø ca. 14 cm
- Permanentmarker in Schwarz
- Alleskleber
- Untertasse
- Plastikbecher, ø ca. 8 cm

1 Schneide für die Ohren zwei gleichfarbige kleine Kreise aus Filz aus. Schneide die Kreise jeweils bis zur Mitte ein und klebe die Schnittstellen etwas überlappend übereinander.

2 Klebe den Pompon als Nase auf die Walnussschale. Male mit dem schwarzen Stift die Augen und den Mund auf. Danach werden die Ohren mit Alleskleber aufgeklebt.

3 Klebe ein Stück Wolle auf der Innenseite der Walnussschale als Schwanz fest. Lasse den Klebstoff trocknen. Knete ein Stückchen Fimo® weich und drücke es ganz fest auf die Stelle, auf der du den Schwanz aufgeklebt hast.

4 Mache einen kleinen Knoten ans Schwanzende, damit die Wolle nicht ausfranst. Gebe die fertigen Mäuse dann zusammen mit einem Erwachsenen in den Backofen und lasse diese nach Vorschrift härten. Dies ist notwendig, da sonst beim Spiel die Schwänze gleich ausgerissen werden.

5 Umfahre eine Untertasse mit Bleistift auf dem steifen orangen Filz und schneide den entstandenen Kreis für das Spielfeld aus.

Tipp: Während das Basteln die Feinmotorik fördert, trainiert das Spiel Reaktionsvermögen und Konzentration: Jedes Kind legt seine Maus mit der Schnauze zur Mitte auf die Filzscheibe. Die Kinder halten ihre Maus am ausgestreckten Schwanzende fest. Ein Kind ist die Becherkatze und versucht, mit dem Becher eine oder mehrere Mäuse zu fangen, indem es ganz schnell den Becher auf die Mäuse stürzt. Die „Mäusekinder" ziehen dann ganz schnell ihre Maus von der Scheibe. Dabei kann das fangende Kind „Hier kommt die Katze" rufen. Erst bei „Katze" darf der Becher auf den Filz knallen.

Nikolaus kommt
Wunschzettelkasten

Motivhöhe
ca. 20 cm

Das brauchst du

- Schaschlikspieß, 20 cm lang
- Wattekugel, ø 5 cm
- Acrylfarbe in Hautfarbe
- Bastelfilzplatte in Rot, A5
- Bastelfilzrest in Hautfarbe
- Jutesäcken mit Schnur zum Zuziehen, 11 cm x 15 cm
- 2 Selbstklebepunkte in Weiß, ø 8 mm
- 3 Pompons in Rot, ø 1 cm
- Märchenwolle in Naturfarbe, ca. 10 cm x 10 cm
- 10 Birkenzweige, ca. 25 cm lang, ca. ø 3 mm
- Naturbast, ca. 30 cm lang
- Papierrest in Gold
- Motivlocher: Stern, ø 1,5 cm und 2,5 cm
- Haarpinsel, mittlere Stärke
- Filzstift in Schwarz
- Buntstift in Rot
- evtl. Zeitungspapier und Sand

Vorlage
Seite 152

1 Den Schaschlikspieß auf 10 cm kürzen, die Wattekugel darauf stecken, mit hautfarbener Acrylfarbe anmalen und trocknen lassen.

2 Übertrage die Mütze auf roten, die Hand auf hautfarbenen Filz und schneide beides aus.

3 Das Säckchen mit zerknülltem Zeitungspapier oder Sand füllen, die Schnur zuziehen und verknoten. Anschließend steckst du den Kopf am Schaschlikspieß in die Sacköffnung.

4 Die Mütze zusammenkleben und auf den Kopf setzen. Biege den Mützenzipfel wie abgebildet nach unten und fixiere ihn hinten an der Mütze.

5 Setze für die Augen in die Selbstklebepunkte mit schwarzem Filzstift die Pupillen und klebe die Punkte auf die Wattekugel. Den roten Pompon als Nase aufkleben und die Wangen mit rotem Buntstift gestalten.

6 Ein Stück Märchenwolle, ca. 1,5 cm breit und 25 cm lang, zurechtzupfen und den Mützenrand damit verzieren. Forme aus einem ca. 8 cm x 8 cm großen Stück Märchenwolle den Bart und klebe diesen unterhalb der Nase bis unter die Mützenränder. Auf dem Bart noch ein kleines Stückchen roten Filz als Mund ergänzen.

7 Aus der Wolle einen Bommel mit einem Durchmesser von ca. 2 cm zusammenrollen und an den Mützenzipfel kleben. Bringe die roten Pompons als Knöpfe am Sack an.

8 Die Zweige mit Naturbast zusammenbinden, verknoten und den Rest des Bastes abschneiden. Stanze drei kleine und einen großen Stern aus Goldpapier aus und klebe sie an die Rute. Die Rute am Sack befestigen und die Hand an der Rute fixieren.

Tipp: Das Säckchen kannst du auch mit Süßigkeiten oder kleinen Geschenken füllen und den Nikolaus an jemanden verschenken. Aus hygienischen Gründen solltest du aber nur verpackte Lebensmittel in den Sack füllen.

Glitzer Tannenbaum
in jedem Raum

Das brauchst du

- Ästchen und Zweige
- Holz- oder Wachsperlen
- Wellpappe oder Tonkartonreste
- Messingdraht
- Gold- oder Silberglitter
- Sprühschnee oder Schwamm und Farbe in Weiß
- Holzleim, Montagekleber oder Heißkleber
- evtl. Motivstanzer

1 Lege drei dickere, etwa 15–20 cm lange Ästchen als „Grundgerüst" auf die Unterlage. Dann klebe von oben nach unten die übrigen Ästchen der Größe nach auf, beginnend bei den kürzesten. Wenn du Holzleim und Montagekleber verwendest, lasse das Bäumchen liegend trocknen, bis der Klebstoff fest ist. Bei Verwendung von Heißkleber kann man gleich weiterarbeiten, allerdings sollte das Kleben dann ein Erwachsener übernehmen.

2 Nun kann das Bäumchen mit Draht, Perlen und ausgestanzten oder ausgeschnittenen Papierteilen verziert werden. Hübsch sieht auch ein Hauch Sprühschnee oder mit einem Schwamm aufgetupfte weiße Farbe aus!

Tipp: Wenn du die Bäumchen hinstellen möchtest, bitte einen Erwachsenen ein Loch im Stammdurchmesser in eine nicht zu dünne Astscheibe zu bohren. Oder du formst einen Baumständer aus Modelliermasse!

Ganz kleine Bäumchen mit Schildchen versehen ergeben originelle Platzkarten auf der Weihnachtstafel.

Fruchtige Lampe
süß und duftend

6+

Das brauchst du

- Mandarinen, Äpfel, Gewürznelken
- kleine Ausstechformen
- Rohholzhalbkugeln, ø 0,8 mm
- Holzkugeln, ø 3,5 cm (Köpfe)
- Schaschlikspieß
- Glitterpapier (Kronen)
- Bastel- oder Acrylfarbe
- Engelshaar
- Organzaband, 6 mm breit
- Gold- und Perlmutt-Liner

Vorlage
Seite 157

Mandarinenlichter

1 Besonders leicht gelingt diese Bastelidee mit Mandarinen, deren Schale etwas luftig um die Frucht liegt. Schneide das obere Stück der Mandarine ab.

2 Höhle die Schale dann mithilfe eines Löffels aus. Gehe behutsam vor, damit du nicht versehentlich die Schale beschädigst.

3 Ausschnitte mit einer Ausstechform ausstechen. Damit die Schale nicht einreißt, drücke mit den Fingern von innen gegen die Stelle. Du kannst die Mandarinen auch mit Gold- oder Perlmutt-Liner bemalen. Die Farbe gut trocknen lassen, bevor du ein Teelicht einsetzt.

Fruchtmännchen

1 Für das Männchen klebe die Halbkugel als Nase auf die große Holzkugel und grundiere den Kopf hautfarben. Nach dem Trocknen die Augen und den Mund mit wasserfesten Stiften aufmalen und die Wangen mit Buntstiftabrieb röten. Klebe dann mit Alleskleber ein Stäbchen in das Loch der Holzkugel und lass den Kleber gut trocknen.

2 Für die Krone schneidest du den Papierstreifen nach Vorlage zu und klebst ihn zu einem Ring zusammen. Die Engelshaare und die Krone mit etwas Kleber auf dem Kopf befestigen. Stecke den Kopf in die Frucht und binde noch das Band um den Hals.

3 Damit sich die Nelken leicht in die Mandarinen einstecken lassen, stich die Löcher mit einem Schaschlikspieß vor. Die verzierten Mandarinen sehen nicht nur hübsch aus, sondern duften auch schön weihnachtlich.

Kecker Nikolaus
für Geschenke oder Türen

Motivhöhe
ca. 18,5 cm

Das brauchst du

- Salzteig
- Acrylfarbe in Rot, Weiß, Hautfarbe und Schwarz
- Basteldrahtrest in Gold
- Glöckchen in Weiß mit Muster, ø 2 cm
- Holzknopf, ø 1,7 cm
- Lederband in Rot, ø 2 mm, 25 cm lang

Vorlage
Seite 152

1 Den Teig 7 mm dick ausrollen und den Körper mit Mütze, den Mantelpelz sowie den Bart ausschneiden und zusammensetzen. Für die Hände und Nase jeweils eine Kugel (ø 1,5 cm) formen und flach drücken. Steche mit einem Schaschlikspieß Löcher für die Aufhängung in die Mütze und für das Glöckchen in die Hand.

2 Den Nikolaus zusammen mit einem Erwachsenen im Ofen backen. Abkühlen lassen und bemalen. Das Gesicht mit wasserfestem Filzstift aufmalen, die Wangen mit Buntstiftspänen röten. Danach die Figur lackieren.

3 Hänge mit Basteldraht das Glöckchen an die Hand und klebe den Knopf auf. Danach kannst du den Nikolaus mit rotem Lederband aufhängen.

Eiskalte Liebe
Eiswürfelherz

Motivgröße
ø ca. 30 cm

Das brauchst du

- Eiswürfelform mit Herzmotiv
- Beeren in Rot
- kleine Blätter in Grün

1 Schneide die kleinen roten Beeren und Blätter mit einer kleinen Kinderschere vom Zweig oder knubbele sie ab. Pass dabei auf, dass du dich nicht schneidest. Die erste Versuche machst du am besten zusammen mit einem Erwachsenen.

2 Gib nun Beeren in die Eiswürfelformen bis diese voll sind. In andere Eiswürfelformen die Blätter füllen. Nun gieße ganz vorsichtig Wasser hinein.

3 Wenn die Temperaturen winterlich sind, kann man die Formen über Nacht draußen gefrieren lassen, sonst stell sie ins Gefrierfach.

4 Für das ganze Herz benötigst du ungefähr 30 kleine rote und 26 kleine grüne Eisherzen. Ordne sie im Garten oder im Wald zu einem großen Herz an.

Tipp: Lust auf mehr? Man kann auch mal eine Gugelhupfform mit Naturfundstücken füllen: Beeren, aber auch Rosen, Nüsse, Moos und kleine Zweige können zu einem Eiskuchen eingefroren werden.

Haus vom Ni-ko-laus
Springseilhaus

Motivgröße
ca. 60 cm x 1 m

Das brauchst du

- 2 Springseile in Gelb
- 20 Zierkürbisse
- 20 Äpfel
- 1 kg Walnüsse
- 35 grüne Blätter
- 45 Tannenzapfen

Vorlage
Seite 146

1. Knote die beiden Springseile zusammen und lege damit „das Haus vom Nikolaus" auf den Boden.

2. Der Text, den du dabei sprechen kannst, lautet: „Das ist das Haus vom Ni-ko-laus". Bei jeder Linie wird eine Silbe gesprochen und das Haus so in einem Zug gelegt. Falls du das Haus noch nicht kennst, lass es dir von einem Erwachsenen auf einem Blatt Papier vormalen.

3. Nun kannst du ans Ausgestalten gehen: Fülle die vier Teile des Hauses mit Kürbissen, Äpfeln, Walnüssen und Blättern. Das Dach wird zuletzt mit Tannenzapfen ausgelegt.

Tipp: Wenn das Haus über den Winter liegen bleibt, kann es auch als Futterhäuschen dienen, indem es mit Maiskolben, Nüssen, streufähigem Vogelfutter, Meisenringen oder -knödeln gefüllt wird.

Winterblume
mein Mandala

Das brauchst du
- Ton- oder Lehmreste
- unterschiedliche Naturmaterialien, z.B. Steine, Eicheln, Maiskörner, Buchecker, Buchsbaum, Rinde
- Materialschälchen
- Holzkasten, 42 cm x 36 cm

1. Gebe die getrockneten Tonstücke in einen Eimer, begieße diese mit etwas Wasser und lasse alles für drei Tage gut durchfeuchten, damit der Ton formbar wird. Wenn du das noch nicht so gut kannst, kann das auch ein Erwachsener übernehmen. Lehm eignet sich ebenso.

2. Sammele verschiedene Naturmaterialien, die es aktuell draußen zu finden gibt. Auch getrocknete Materialien, die noch zur Verfügung stehen, eignen sich für das Mandala.

3. Sortiere deine Fundstücke in verschiedene Schalen oder Körbchen.

4. Nun geht es an das Modellieren der Blume. Für die Mitte der Blume forme eine kleine Scheibe, die dann in den Kasten gelegt wird. Knete kleine Tonstücke gut durch und rolle sie dann zu je einem Strang. Diese einzelnen Stränge als Blütenblätter von der Mitte nach außen führend immer wieder solange anlegen, bis die Blüte vollendet ist. Danach am besten erst einmal deine Hände waschen.

5. Die entstandenen Lücken werden mit unterschiedlichen Materialien ausgelegt. Schmücke sorgfältig und schweigend eine Fläche nach der anderen. Gebe dann deiner Blume einen besonderen Platz, eventuell kann eine Kerze in die Mitte gestellt werden.

Tipp: Als Untergrund eignet sich alternativ ein Holztablett oder eine Baumscheibe. Naturmaterial sollte je nach Jahreszeit ausgewählt und achtsam gesammelt werden. Eigentlich stammen Mandalas aus dem spirituellen Bereich und dienen dem Gebet und der Meditation. Daher sollte möglichst schweigend gebastelt werden. Wenn wetterbedingt indoor gebastelt werden muss, dann lege doch eine CD mit Waldgeräuschen oder meditativer Musik ein.

7+

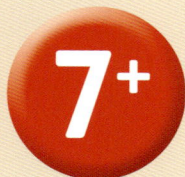

Stroh zu Gold

traditionelle Strohsterne

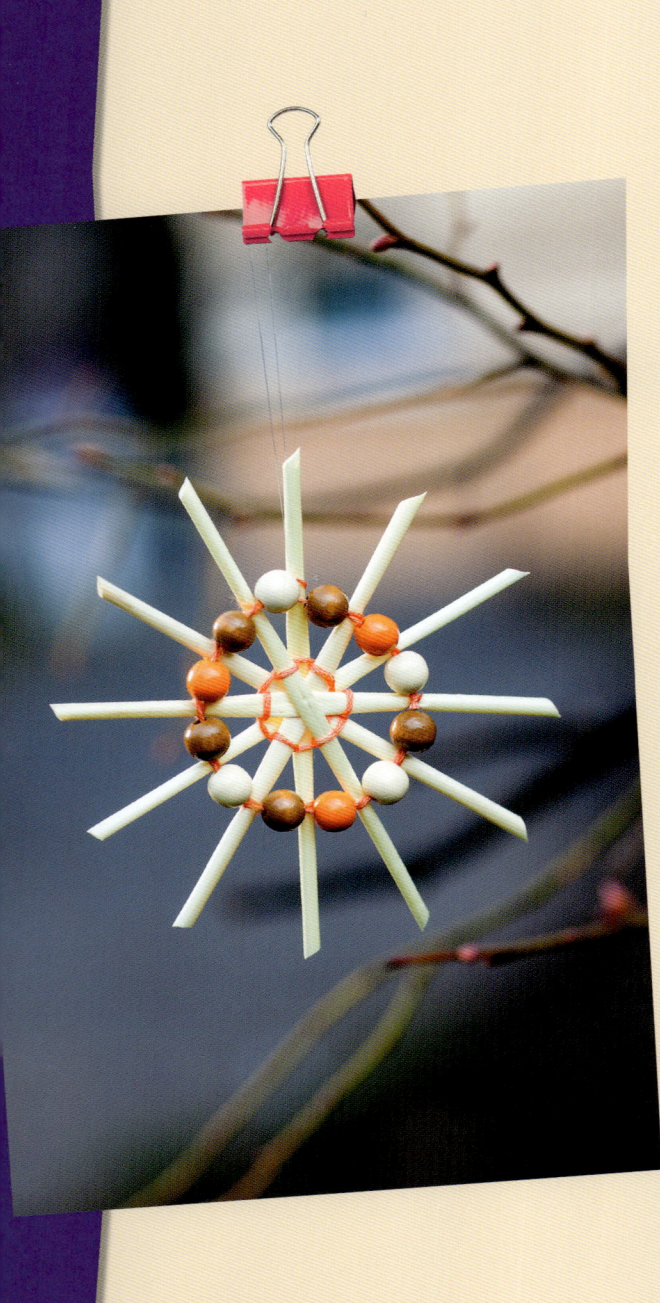

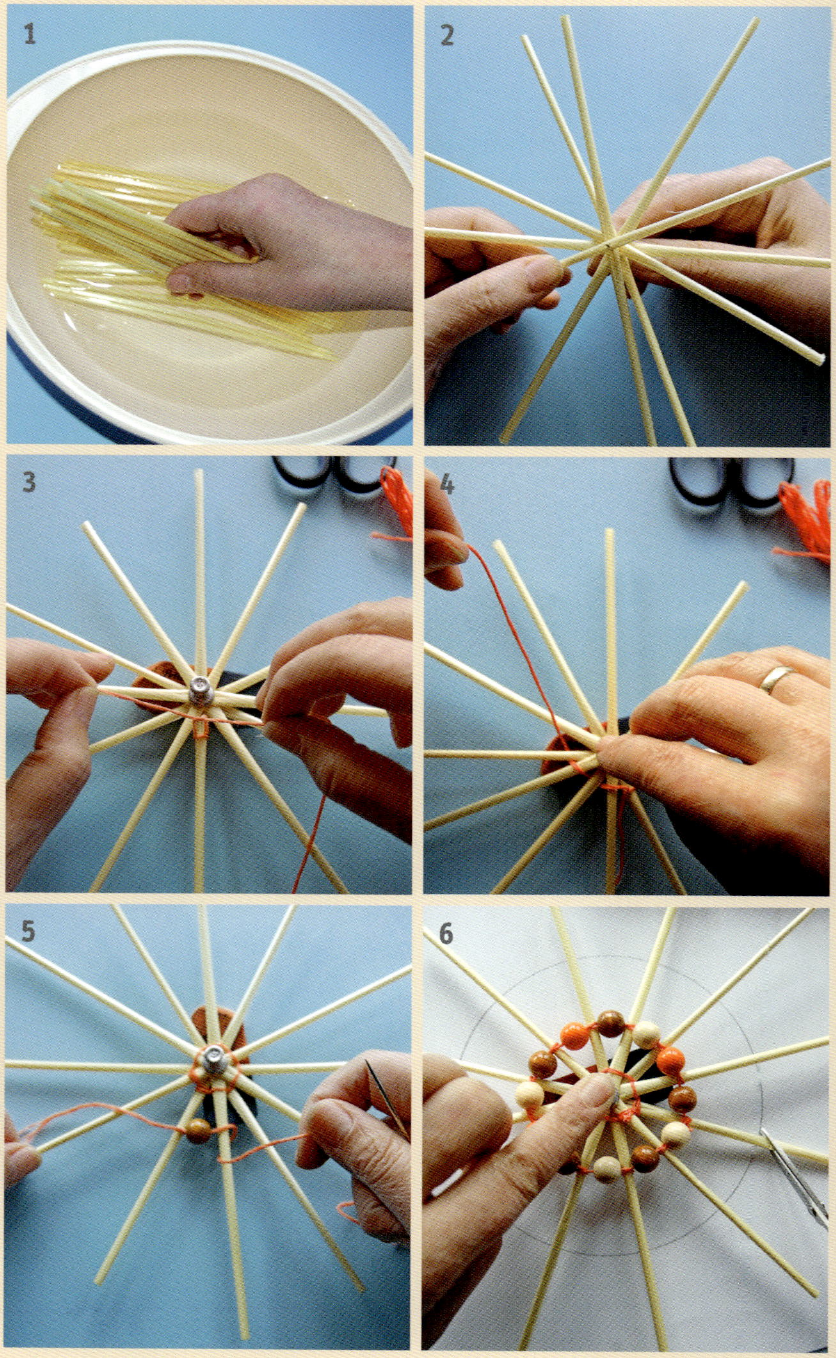

Das brauchst du

- 6 Strohhalme
- dünne Wolle in Orange, ø 0,1 cm, 1 m lang
- 12 gemischte Perlen in Beige, Orange und Braun, ø 1 cm
- Zirkel
- Wollnadel
- Radiergummi
- Pinnstift
- Nylonfaden
- Schüssel & warmes Wasser
- Küchenkrepp

1 Weiche deine Strohhalme 30 Minuten in lauwarmem Wasser ein und tupfe sie anschließend mit Küchenkrepp ab.

2 Stecke die Strohhalme in der Mitte auf einen Pinnstift und lege dann die Strohhalmenden so übereinander, dass eine Sternenform entsteht.

3 Die herausschauende Pinnstiftspitze in die Mitte des Radiergummis stecken.

4 Binde ein Stück orangefarbene Wolle an einem unten liegenden Strohhalm gleich neben dem Pinnstift fest.

5 Webe den Faden über und unter den Halmen durch, bis du wieder beim ersten Strohhalm, an dem sich dein Knoten befindet, angekommen bist. Lege den Faden um diesen Halm herum und fädle jetzt in die entgegengesetzte Richtung. Bei den Halmen, wo dein Faden oben lag, liegt er jetzt unten, und umgekehrt. Bist du wieder am ersten Halm angekommen, Fadenanfang und -ende miteinander verknoten.

6 2 cm von diesem Fadenkreis entfernt knotest du einen neuen Faden an einen Halm. Jetzt fädelst du die Wolle durch die Wollnadel und ziehst eine Perle auf. Schlinge den Faden um den nächsten Strohhalm, dann ziehst du eine weitere Perle auf. Solange fortführen, bis du wieder am Anfang angekommen bist. Verknote Anfang und Ende des Fadens miteinander.

7 Zeichne einen Kreis, ø 12 cm, auf ein Blatt Papier und lege deinen Strohstern mittig in den Kreis. Die Halmenden entlang der Kreislinien abschneiden. Jetzt kannst du den Pinnstift in der Mitte des Strohsterns entfernen. Wenn du möchtest, kannst du deinen Stern mit einem durchsichtigen Nylonfaden aufhängen.

7+

Flauschige Filzkugeln

fix genadelt

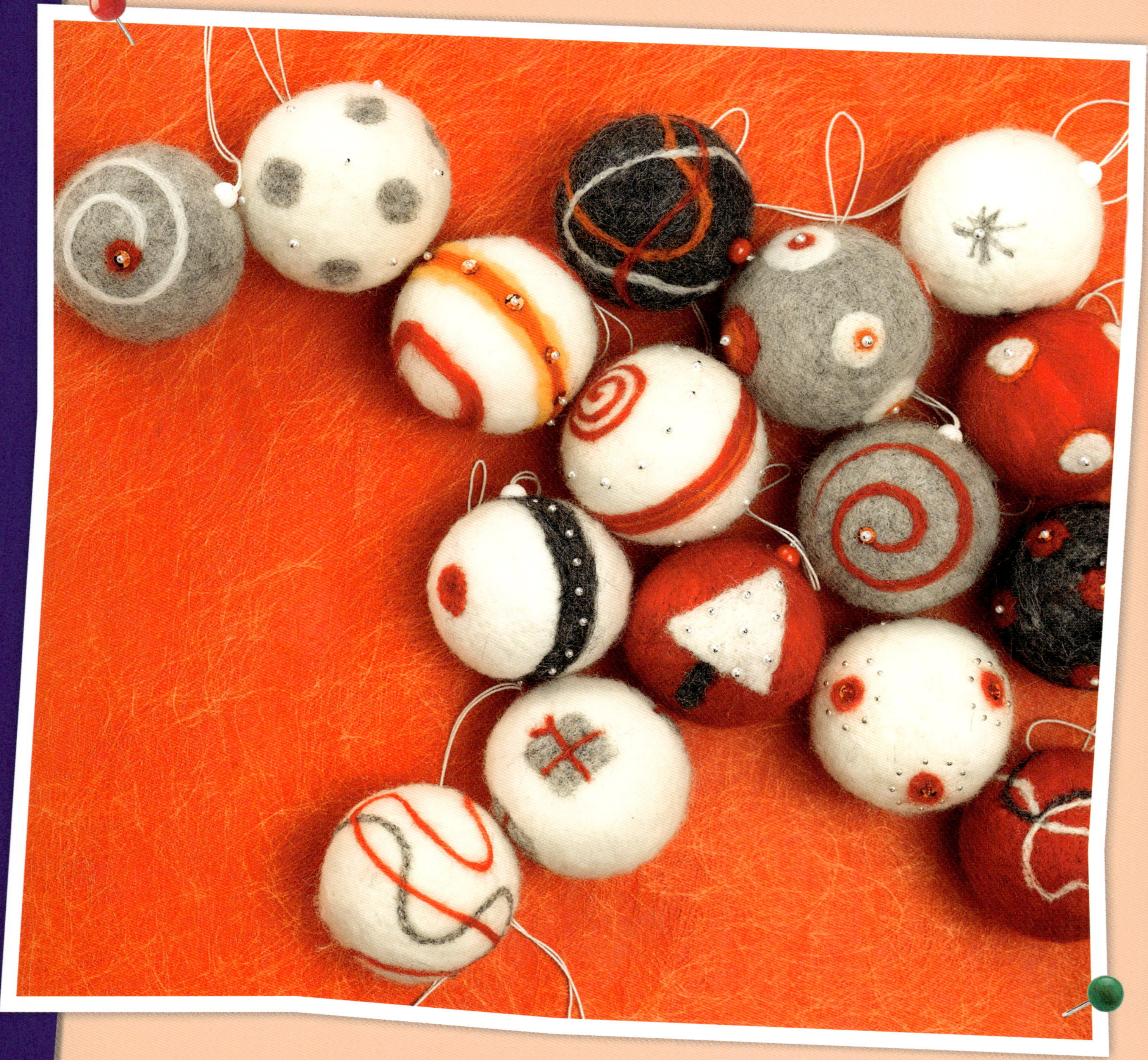

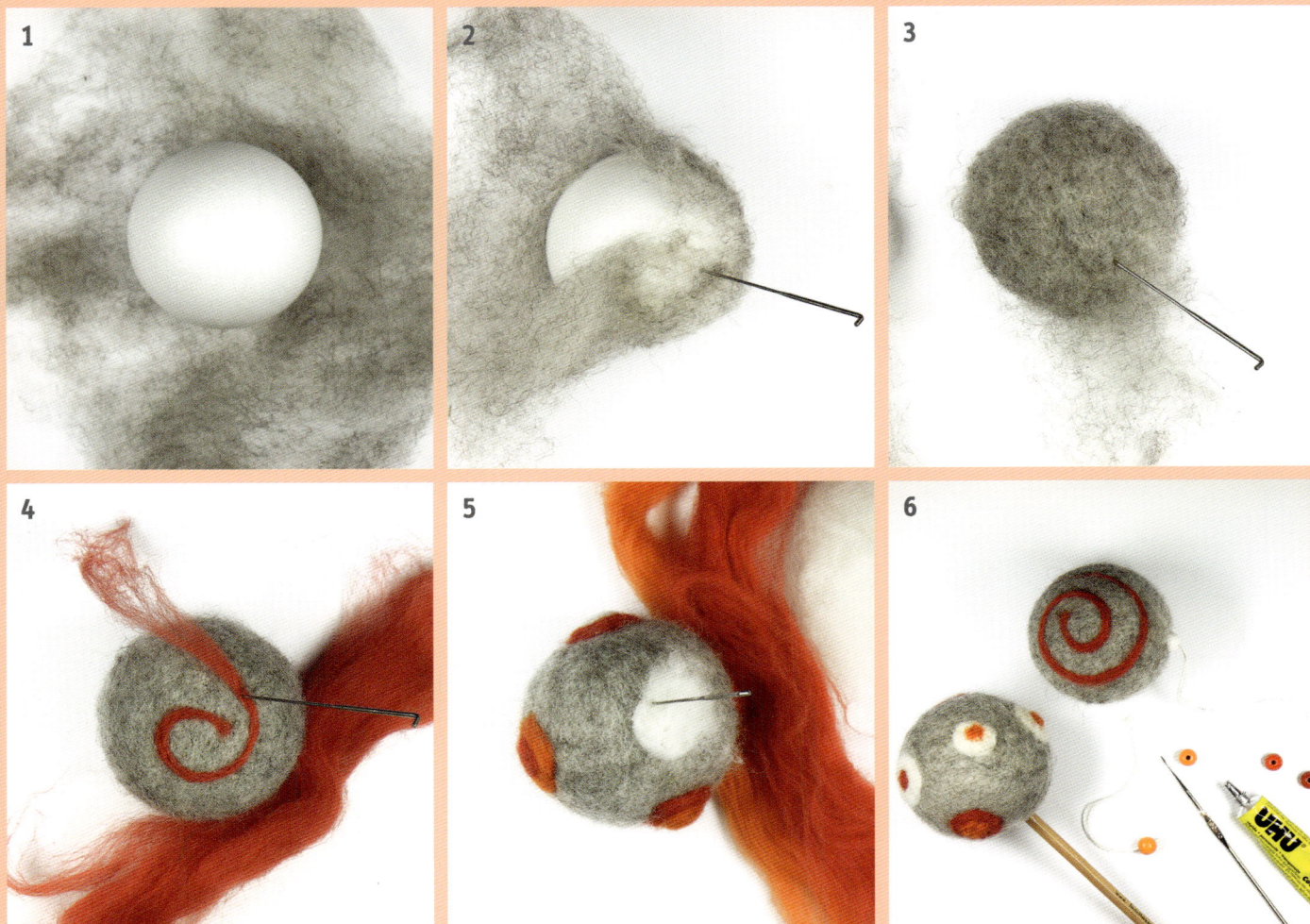

Das brauchst du

- Märchenwolle in Hellgrau, Dunkelgrau, Weiß und Rot
- Styroporkugeln, ø 7 cm
- Filzwolle im Band (Kammzug) in Hellgrau, Dunkelgrau, Rot, Gelb und Weiß
- Universal-Filznadel
- dünnes Garn
- Holzperlen, ø 1 cm
- Perlen und Stecknadeln

1 Für den Untergrund eignet sich Märchenwolle. Ziehe sie flächig auseinander.

2 Die Styroporkugel damit umhüllen. Dazu stich die Wolle rundum mit der Filznadel fest. Die Wolle soll gut haften. Stich nicht zu häufig auf die gleiche Stelle, sonst zerbröselt das Styropor darunter.

3 Nun umwickelst du die Kugel noch einmal und filzt die Wolle wieder fest. Mach das solange, bis die Kugel gleichmäßig bedeckt ist.

4 Für die Spiralen je einen bleistiftdicken Strang von der Filzwolle im Band nehmen. Rolle diesen kurz auf dem Hosenbein vor und nadle ihn dann mit gezielten Stichen auf.

5 Kreise kannst du so machen: Rolle ein Stück Filzwolle zu einer kleinen Kugel, drücke diese auf den Untergrund und nadle sie fest. Du kannst auch eine noch kleinere Kugel hineinfilzen und Perlen aufstecken.

6 Für die Aufhängung verknote das Garn und ziehe es mit einer dünnen Häkelnadel durch die Holzperle. Mit einem Bleistift eine Vertiefung in die Styroporkugel drücken und Knoten und Perle darin festkleben.

Tipp: Sei achtsam im Umgang mit Filznadeln. Die Nadel ist sehr spitz! Kinder unter sechs Jahren sollten diese Bastelarbeit nicht ausführen. Halte immer ein paar Ersatznadeln bereit, falls die Nadeln doch mal abbrechen.

Filz-Füchslein
waldiger Keilrahmen

Das brauchst du

- Keilrahmen in Weiß, 30 cm x 40 cm
- Acrylfarbe in Helltürkis
- Haarpinsel, breit
- Glitzerkleber in Weiß-Irisierend
- kleine Ästchen (Kiefer, Apfel, Birke)
- Filzreste in Orange, Dunkelorange, Weiß und Dunkelbraun
- Stoffrest in Weiß mit bunten Sternen, 2 cm x 15 cm
- wasserfester Filzstift in Weiß, Schwarz und Blau
- UHU Alleskleber Kraft (alternativ Holzleim)
- Stoffschere (alternativ Bastelschere)

Vorlage Seite 148

1. Der Fuchs geht um im Winterwald. Bemale den Keilrahmen im unteren Drittel mit der türkisfarbenen Acrylfarbe. Wenn du möchtest, kannst du sie mit etwas Wasser verdünnen. Die Farbe gut trocknen lassen.

2. Trage dann mit dem Glitzerkleber Schneehügel auf und lass auch den Kleber einige Stunden trocknen.

3. Ordne die Ästchen zunächst auf dem Bild an. Eine Stelle frei lassen, an der später der Fuchs sitzen wird. Wenn dir dein Wald gefällt, kannst du ihn mit Holzleim oder Kraftkleber fixieren.

4. Übertrage alle Teile für den Fuchs auf die entsprechenden Filzstücke und schneide sie sorgfältig aus.

5. Füge den Fuchskörper sowie den Kopf zusammen. Bevor du beides verbindest, musst du den Stoffschal zu einer Schlinge legen und am Körper befestigen. Dann erst den Fuchskopf aufkleben. Bemale das Fuchsgesicht.

6. Platziere das Füchslein an der frei gelassenen Stelle und fixiere ihn mit ein paar Tropfen Kraftkleber. Auch auf den Bäumen sieht Glitzerkleber-Schnee hübsch aus!

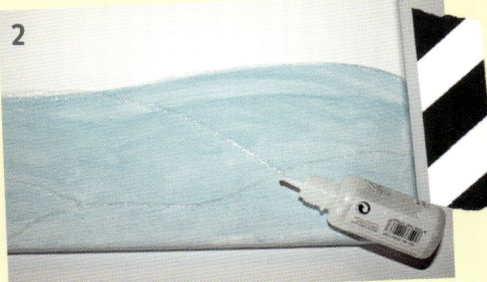

6+ Aststern
glitzernder Schmuck

Das brauchst du
- Moosgummi in Gelb, 2 mm dick, 30 cm × 45 cm
- frische, dünne Birkenäste, ca. 20–30 cm lang
- Acrylfarbe in Gelb
- Glitter in Gold
- Glitterkleber
- Strassstein, ø 1,5 cm
- Niedrigtemperaturpistole

Vorlage
Seite 157

1 Übertrage den Stern aus der Vorlage auf Transparentpapier und schneide ihn aus. Zeichne die Umrisse dieser Schablone zweimal auf Moosgummi ab und schneide zwei Sterne zu.

2 Bei diesem Schritt sollte dir ein Erwachsener mit Heißkleber helfen. Vielleicht darfst du aber auch selbst mit einer Klebepistole kleben. Trage auf einen Stern von einer Zacke bis zur Mitte dick Klebstoff auf, lege einige Birkenäste (Spitzen nach außen) darauf und drücke sie mit einem Schaschlikspieß fest, bis der Klebstoff trocken ist. Fortfahren, bis rundum Äste kleben. Achte darauf, dass sich die Äste in der Sternmitte nicht überlappen. Die Zweige mit der Schere außen zu einem schönen Kreis schneiden.

3 Lege den Stern auf ein gefaltetes Blatt und bemale die Äste leicht mit gelber Farbe. Tupfe den Borstenpinsel zwischendurch auf Küchenpapier ab, damit nur wenig Farbe darin bleibt. In die frische Farbe den Goldglitter streuen und alles Trocknen lassen. Mit dem Papier kannst du den übrigens Glitter zurück in den Behälter schütten.

4 Klebe nun den zweiten Stern gegengleich zum ersten auf die Äste, drücke dabei nicht zu fest auf! Wenn du willst, kannst du den Stern noch mit Glitterkleber bemalen, Glitter aufstreuen und einen Strassstein aufkleben. Zum Aufhängen ein Stück Schnur oder Bindfaden an den Ästen anknoten.

Goldige Nüsse
weihnachtliche Anhänger

Das brauchst du

- Walnüsse
- Erdnüsse
- Acrylfarbe in Gold
- Baumwollkordel in Rot, ø ca. 2 mm, (pro Nuss) 15 cm lang
- Nussknacker
- UHU Alleskleber Kraft

1. Knacke die Walnüsse mit einem Nussknacker auf und hole die Nüsse heraus. Achte darauf, dass die Schalen dabei nicht kaputt gehen. Dafür musst du den Nussknacker direkt an der Naht zwischen den Schalen ansetzen. Am besten bittest du einen Erwachsenen um Hilfe.

2. Bemale alle Walnussschalen und Erdnüsse mit Goldfarbe und lass die Farbe gut trocknen.

3. Für jede Nuss ein 15 cm langes Kordelstück zuschneiden. Für die Walnüsse klappst du das Band einmal in der Mitte zusammen und verknotest die Enden, sodass eine Schlaufe entsteht. Bei den Erdnüssen wickelst du das Band direkt um die Nuss und verknotest dann die Enden.

4. Lege den Knoten der Schlaufe in eine Walnussschale und klebe dann die beiden Schalen wieder zu einer Nuss zusammen. Klebstoff gut trocknen lassen und schon ist der Öko-Baumschmuck fertig!

Natürliche Schönheit
Eisanhänger

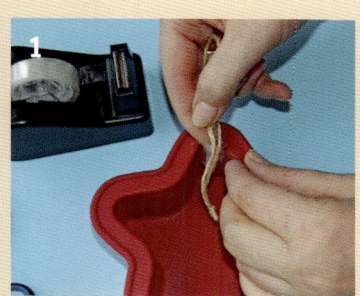

Das brauchst du

- naturfarbene Kordel, ø 0,2 cm, je 25 cm lang
- Silikonform Stern, ø 15 cm
- destilliertes Wasser
- Beeren, Zimtstangen, getrocknete Apfel- und Orangenscheiben, Sternanis
- Klebefilm

1. Verknote die Enden der naturfarbenen Kordel miteinander. Lege diese Enden in deine Sternform und befestige die Kordel am seitlichen Rand mit Klebefilm.

2. Fülle nun auf dem Boden der Form 1 cm hoch destilliertes Wasser ein. Deine Kordelenden liegen nun im Wasser. Auch die Naturmaterialien reinlegen. Stelle die Form für 4 Stunden in den Gefrierschrank. In einem kalten Winter kannst du sie auch über Nacht nach draußen stellen.

3. Nimm die Sternform aus dem Gefrierfach und gieße eine zweite Schicht Wasser darüber, die ebenfalls 1 cm dick ist. Für weitere vier Stunden ins Gefrierfach legen. Dann die Eissterne aus der Silikonform drücken und im Außenbereich bei kalten Temperaturen aufhängen.

Tipp: Wenn du möchtest, kannst du passend zu deinen Eisanhängern noch eine Eislaterne basteln. Dazu stellst du eine leere kleine Dose, in die du Sand oder Steine zum Beschweren füllst, in eine größere Dose. In die große Dose füllst du nun viele bunte Naturfundstücke und dann Wasser bis unter den Rand. Einen Tag und eine Nacht bei Minustemperaturen ins Freie stellen, dann die Dosen herauslösen. Fertig. Jetzt kannst du ein Teelicht in die Mitte deiner Laterne stellen.

Dufte Geschenkidee
für Familie und Freunde

Das brauchst du

- Ausstechformen
- Bienenwabenwachsplatte
- Sternanis
- Zimtstangen
- Gewürznelken
- Erlenzäpfchen
- Erdnüsse
- Haselnüsse
- Goldperlen und -sternchen
- Malglitter in Gold
- Konturenfarbe in Gold
- Bouillondraht in Gold
- Seitenschneider

1. Bereite die Bienenwabenwachsplatte zum Ausstechen vor, dabei lässt du die Wachsplatte in der Ausstechform und entfernst nur ringsum die Wachsreste.

2. Nun die Ausstechform, die jetzt einen duftenden Boden hat, mit den Gewürzen, Nüssen, Zäpfchen, Goldperlen und Sternchen füllen. Damit sie nicht verrutschen, kannst du sie mit Alleskleber aneinander kleben.

3. Mit Malglitter ein paar Akzente beispielsweise auf den Nüssen und Zäpfchen setzten. Mit Konturenfarbe können noch Goldpunkte oder Linien angebracht werden.

4. Abschließend umwickelst du die Ausstechform mit Bouillondraht. Der Draht sieht nicht nur schön aus, sondern verhindert auch, dass später evtl. der Wachsboden herausfällt.

Fröhlicher Schneemann
erleuchtet den Weg

Motivhöhe
ca. 58 cm

Das brauchst du

- Sperrholz, 10 mm stark, 60 cm x 50 cm
- Acrylfarbe in Weiß, Mittelblau, Türkis, Orange und Schwarz
- Plusterstift in Gelb
- Filz in Hellgrün, 6 cm breit, 78 cm lang
- Filzrest in Rot
- Basteldraht in Gold, ca. 20 cm lang
- Metalllaterne in Gelb, 8,5 cm x 8,5 cm, 13 cm hoch
- Strukturschnee in Weiß
- 6 Tannenzapfen, ca. 2,5 cm lang
- Bohrer, ø 3 mm
- Holzleim
- Lack

Vorlage
Seite 156

1. Alle Teile entsprechend der Vorlage aussägen und die Kanten mit einem Schmirgelschwamm glätten. Für die Aufhängung der Laterne bohrst du im Arm des Schneemanns ein Loch, ø 3 mm, nach Vorlage. Für die Bodenfläche ein Rechteck von 14 cm x 32 cm aussägen. Falls du mit der Säge noch unsicher bist, solltest du dir hier von einem Erwachsenen assistieren lassen.

2. Die Holzteile wie abgebildet bemalen und das Gesicht gestalten. Den Mund und die Augen mit schwarzer Farbe oder einem wasserfesten schwarzen Stift aufmalen, weiße Lichtpunkte als Pupillen aufsetzen und die Wangen mit rotem Buntstiftabrieb färben. Male die Streifen auf den Strümpfen mit gelbem Plusterstift auf. Alles gut trocknen lassen und den Schneemann anschließend zusammenleimen und lackieren.

3. Den Filzschal an den Enden fünfmal je 1,5 cm tief einschneiden, mit dem roten Filzherz verzieren und um den Hals des Schneemanns binden.

4. Befestige den Schneemann in der Mitte der Bodenfläche mit Holzleim, als Hilfe dabei einen Winkel dahinterstellen. Nach dem Trocknen ein Stück Basteldraht durch die Bohrung im Arm ziehen, die Laterne am Draht anhängen und die Enden verknoten.

5. Zum Schluss kannst du noch den Boden, die Nase und die Mütze des Schneemanns mit Strukturschnee verzieren und die Tannenzapfen in den noch nassen Schnee drücken.

Kugelrund!
Bunte Eiskugeln

Modellgröße
ø 15 cm

Das brauchst du

- Luftballons
- Lebensmittelfarben in Blau, Gelb, Pink, Rot und Grün (umweltverträglich)
- Wasser
- Einmalspritze
- Schere

1 Fülle mit einer kleinen Einmalspritze deine Lieblingsfarben in die Ballons.

2 Fülle dann die Ballons (wie Wasserbomben) am Wasserhahn mit warmem Wasser auf und verknote die Öffnung.

3 Lege die Ballons behutsam in einen Eimer und trage sie ins Freie. Zum Durchfrieren in eine Reihe legen.

4 Wenn die Kugeln durchgefroren sind, ritze mit einer Schere die Ballons an und pelle die Kugel heraus.

5 Mit den bunten Kugeln kannst du spielen und Landschaften aus Schnee gestalten. Wie schön sie in der Wintersonne glitzern!

Tipp: Wenn die Wege vereist sind, kannst du die Kugeln wie beim Minigolf in ein definiertes Ziel schlittern lassen. Welche Farbe ist mit den wenigsten Versuchen am Ziel?

Der Klassiker
wie bei Muttern

6+

Motivgröße
ø 38 cm

Das brauchst du
- Strohhalme ungebleicht, 22 cm lang
- Bindfaden in Rot
- Weißtannenzweige
- Strohkranz, ø 35 cm
- Bindedraht in Grün, ø 0,65 mm
- 4 Kerzen in Rot, ø 8 cm, 8 cm hoch
- 4 Kerzenhalter aus Metall, ø 8 cm
- Wollschnur in Rot, ø 7 mm, 6,20 m lang
- Golddraht, ø 0,25 mm
- 8 Messingglöckchen, ø 2 cm
- 24 Dekoäpfel in Rot, ø 2 cm
- Legeform, ø 6 cm
- Heißkleber

1 Acht Strohsterne nach Seite 9 fertigen. Dazu benötigst du etwas Geduld, aber eine Legeform unterstützt dich bei dieser filigranen Arbeit.

2 Die Weißtannenzweige dachziegelartig überlappend über den Strohkranz binden. Die vier Kerzen in gleichmäßigen Abständen mit ihren Haltern in den Kranz stecken.

3 Schneide die Wollkordel auf 4,80 m zu, drahte sie an beiden Enden an und wickele sie locker um den Kranz. Je 35 cm Wollkordel an beiden Seiten andrahten, in der Mitte mit Golddraht zwei Metallglöckchen befestigen, die Wollkordel um die Kerze legen und beide Drahtenden hinter der Kerze in den Kranz stecken. Den Vorgang bei allen Kerzen wiederholen, sodass sie einen „Schal" bekommen.

4 Klebe vor den Kerzen rechts und links der Glöckchen je drei Dekoäpfel ein. Je zwei Strohsterne zwischen den Kerzen mit Heißkleber fixieren. Mit diesem traditionellen Kranz kannst du deiner Familie eine Freude machen.

Lustige Eisbären
in Stein gemeißelt

Motivgröße
Eisbär groß
ca. 20 cm x 11,5 cm
Eisbär klein
ca. 11 cm x 6,5 cm

Das brauchst du
- Speckstein
- Bügelsäge
- Raspel/Feile
- Schleifschwamm in unterschiedlichen Körnungen
- Nassschleifpapier in unterschiedlichen Körnungen
- Wasserschale
- farblose Schuhcreme oder Bohnerwachs
- Tuch zum Polieren

Vorlage
Seite 156

1 Suche passende Steine aus. Für den großen Eisbären brauchst du natürlich einen größeren Stein als für den kleinen. Jetzt ist die Säge an der Reihe: Du brauchst an deinem Stein zwei gerade Flächen. Die eine ist die Standfläche, auf die andere klebst du deine Schablone mit Klebestift auf.

2 Säge den Bären sorgfältig entlang der Kontur aus. Damit der Eisbär auch nach Eisbär aussieht, alle Kanten mit Raspel und Feile abrunden. Versuche dabei, dir die Körperform und die Haltung eines Eisbären vorzustellen.

3 Gefällt dir die Form, kannst du mit den Schleifgängen beginnen. Denke daran, von grob nach fein zu arbeiten. Achte immer wieder darauf, dass auf der Oberfläche keine Kratzer mehr zu erkennen sind und vergiss keine Stelle.

4 Nach dem letzten Feinschliff kannst du den Eisbär polieren. Den Stein vorher trocknen lassen und dann mit farbloser Schuhcreme oder Bohnerwachs einreiben. Ein weiches Tuch bringt das Fell des Eisbären zum Glänzen!

Tipp: Ein Eisbär hat im Vergleich zu seinem Körper einen kleinen Kopf und sein Hals ist ziemlich lang. Diese Merkmale lassen erkennen, dass er sich seinem Lebensraum gut angepasst hat. Mit seinem kleineren Kopf kann er zum Beispiel besser Robben fangen. Ist dir das schon einmal aufgefallen?

Schneeflöckchen
machen Freude

6+

Das brauchst du

- Holzperlen, ø 2,5 cm
- Federn in Weiß
- Gold- und Silberfaden
- Organzabänder, ca. 1 cm breit
- Tonpapier in Weiß
- Motivlocher: Schneekristall, ø 3 cm
- Strasssteine

1 Jedes Schneeflocken-Engelchen hat einen Holzperlenkopf und zwei Federn als Körper. Gib etwas Klebstoff auf die Federenden und klebe sie in das Loch der Holzperle.

2 Wickle ein Bündel aus dem Goldfaden und binde ein Ende mit einem langen Silberfaden ab (Aufhängefaden), schneide das andere Ende ab. Etwas Klebstoff in das freie Loch geben und das Bündel hineinkleben.

3 Binde eine kleine Schleife aus Organzaband und klebe sie an den Kopf. Gestalte dann das Gesicht mit Filzstiften und Buntstiftabrieb.

4 Nun stanze die Kristalle aus Tonpapier aus. Diese an den Aufhängefaden kleben. Hübsch sieht es aus, wenn du die Mitten noch mit einem Strassstein verzierst.

Vogelfutter

emsiges Treiben

6+

Das brauchst du

- Pflanzenfett, 500 g
- Vogelfutter
- Papierstrohhalme
- Schaschlikspieße
- Pappbecher in unterschiedlichen Farben
- Prickelnadel
- Topf
- Wolle in unterschiedlichen Farben
- Schere

1. Lass das Pflanzenfett in einem Topf auf dem Herd schmelzen, ein Erwachsener hilft dir dabei. Schütte eine Tüte Vogelfutter dazu und verrühre das Ganze gut. Alles etwas abkühlen lassen.

2. In der Zwischenzeit bohrst du gemeinsam mit deinem erwachsenen Helfer mit einer Prickelnadel Löcher für die Schaschlikspieße durch das untere Viertel deiner Papierstrohhalme. Steck die Spieße hindurch und kürze sie mit der Schere.

3. Jetzt brauchst du die Pappbecher. Je bunter sie sind, umso farbenfroher wird dein Garten im Winter sein! Den Strohhalm in einen Becher stellen, die Seite mit dem Spieß schaut dabei raus. Dann füllst du vorsichtig das Vogelfutter hinein. Der Inhalt deiner Vogelfutterbecher muss jetzt richtig gut abkühlen und fest werden.

4. Dann mit der Nadel durch den seitlichen unteren Rand des Bechers stechen und den Wollfaden hindurch ziehen. Verknote die beiden Enden und schon hast du eine prima Aufhängung für deine Vogelfutterbecher.

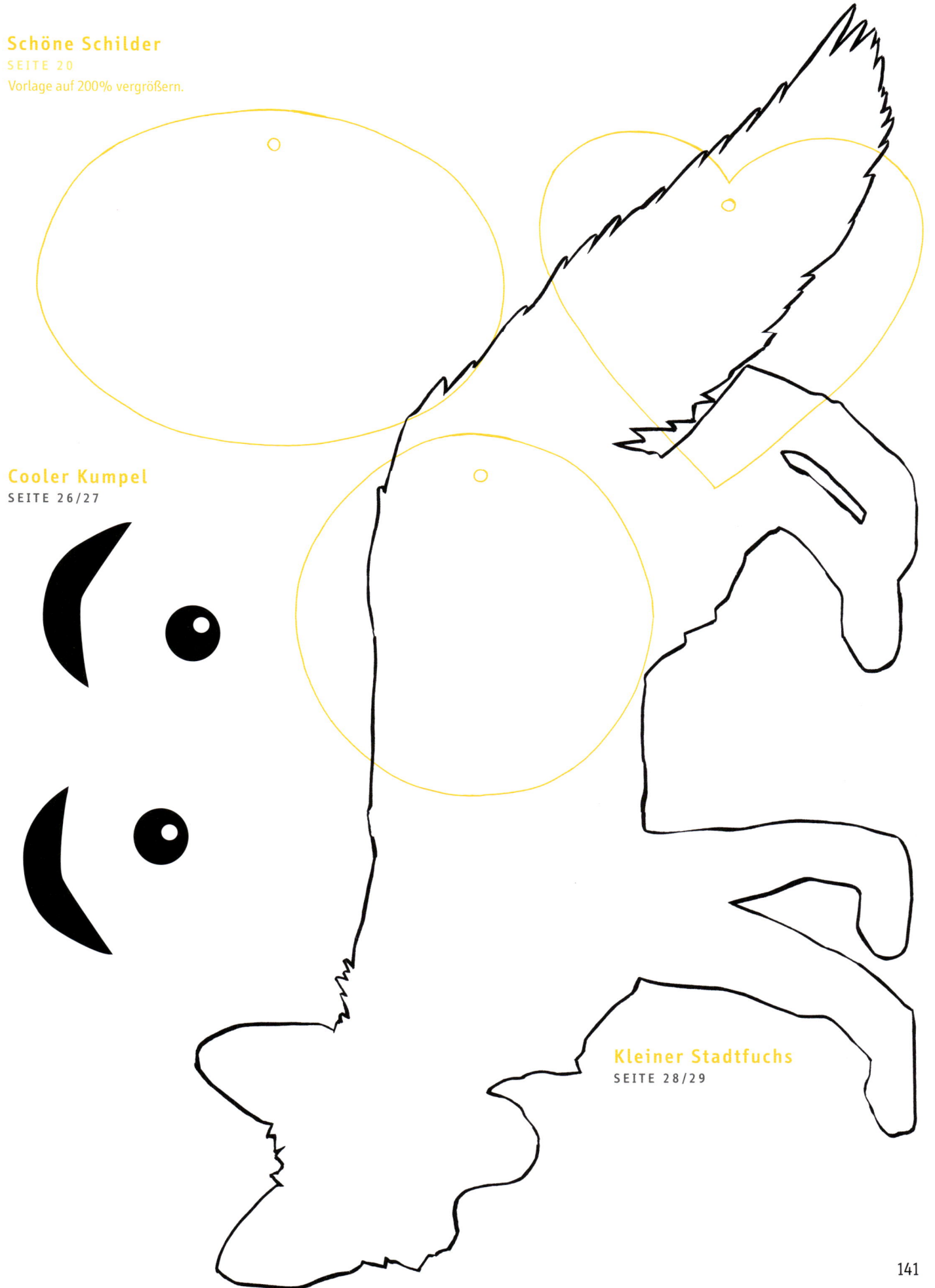

Schöne Schilder
SEITE 20
Vorlage auf 200% vergrößern.

Cooler Kumpel
SEITE 26/27

Kleiner Stadtfuchs
SEITE 28/29

Heitere Henne
SEITE 24/25

Stein-Trio
SEITE 33

142

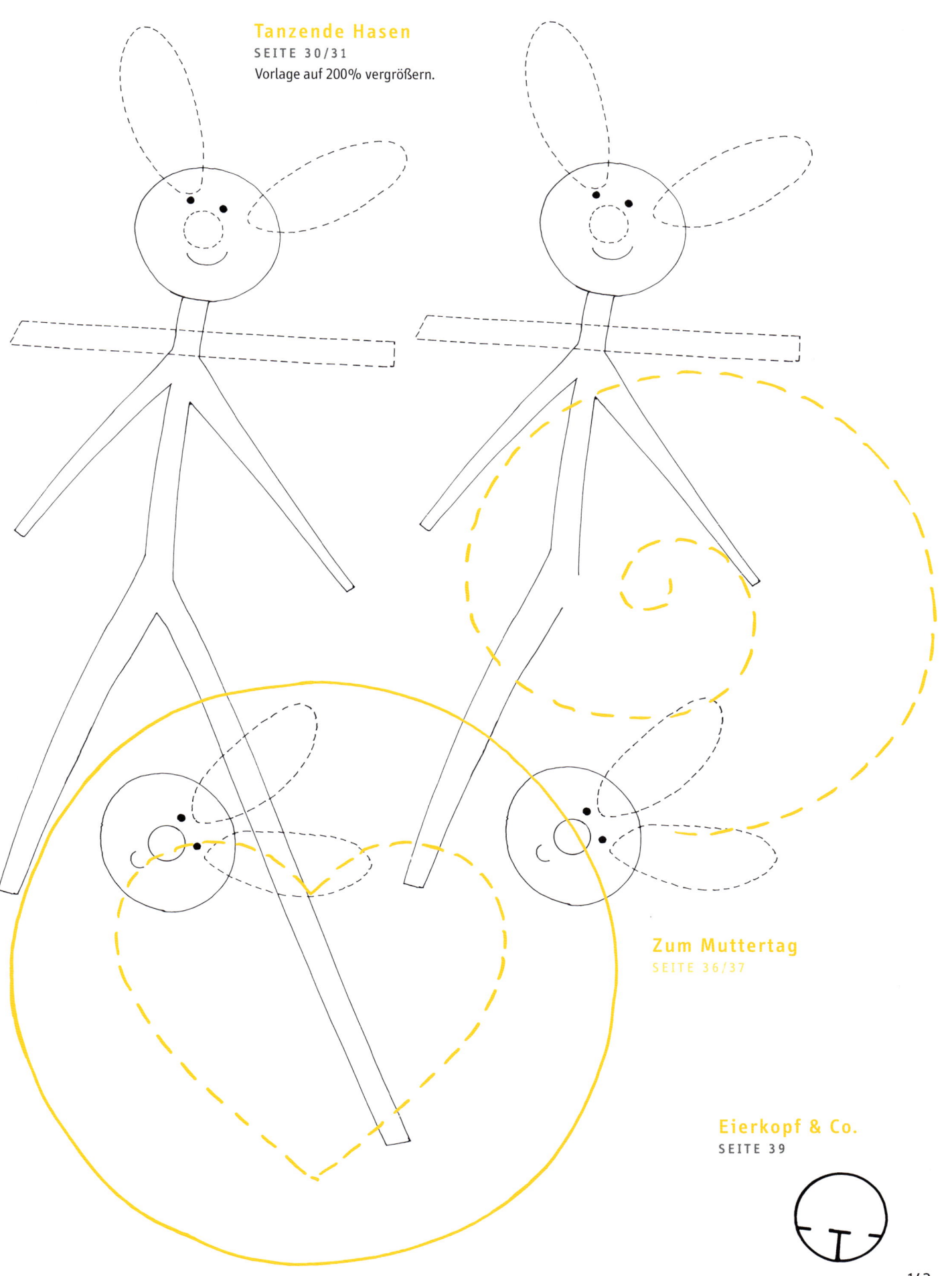

Strandbilder
SEITE 44/45
Vorlage auf 200% vergrößern.

Tierische Schachtel
SEITE 49

Blumen-Buchstütze
SEITE 48

Blütenprinzessinnen
SEITE 69

Winterboten
SEITE 109

147

Zauberhafte Grüße
SEITE 72/73

Filz-Füchslein
SEITE 126/127

Zauberhafte Grüße
SEITE 72/73

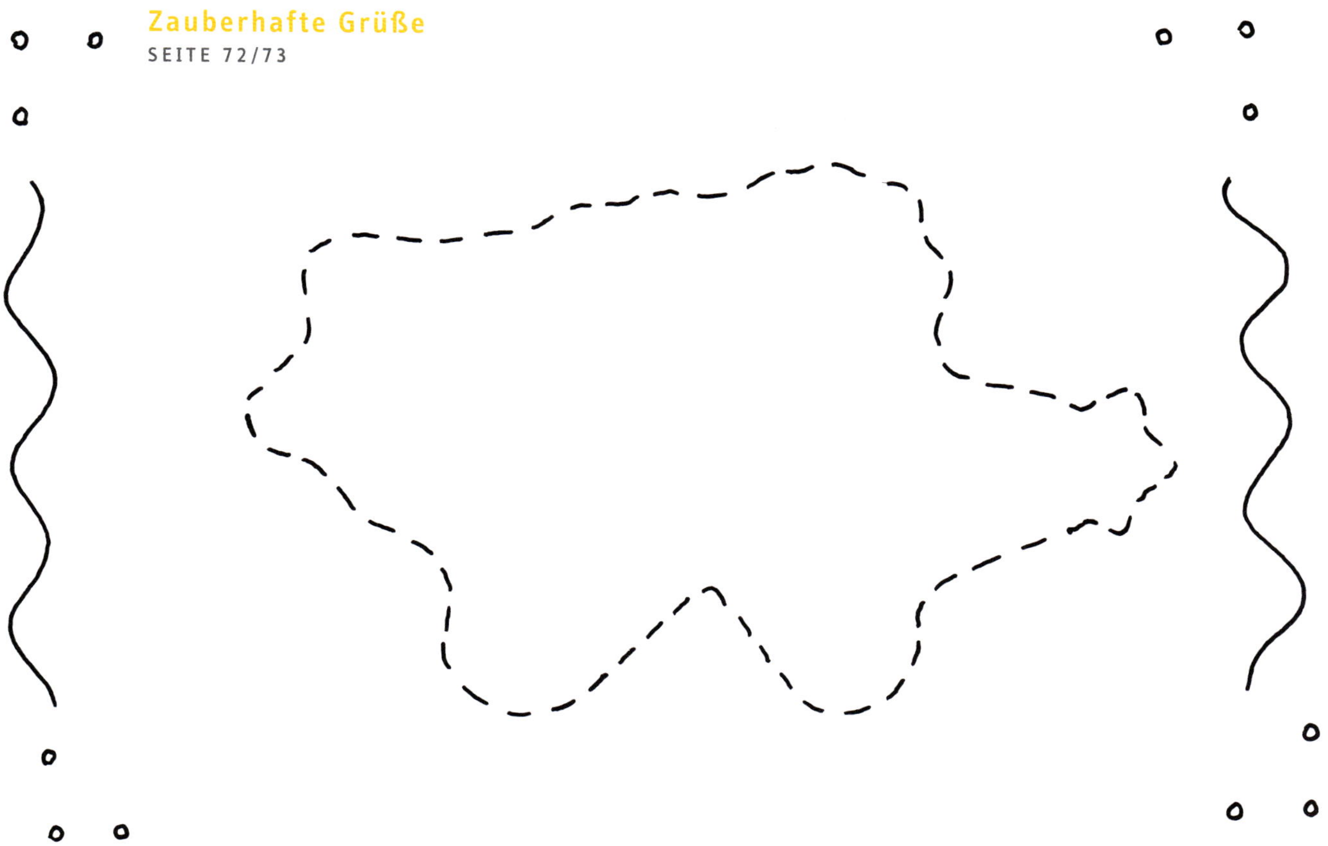

Volldampf
SEITE 80/81

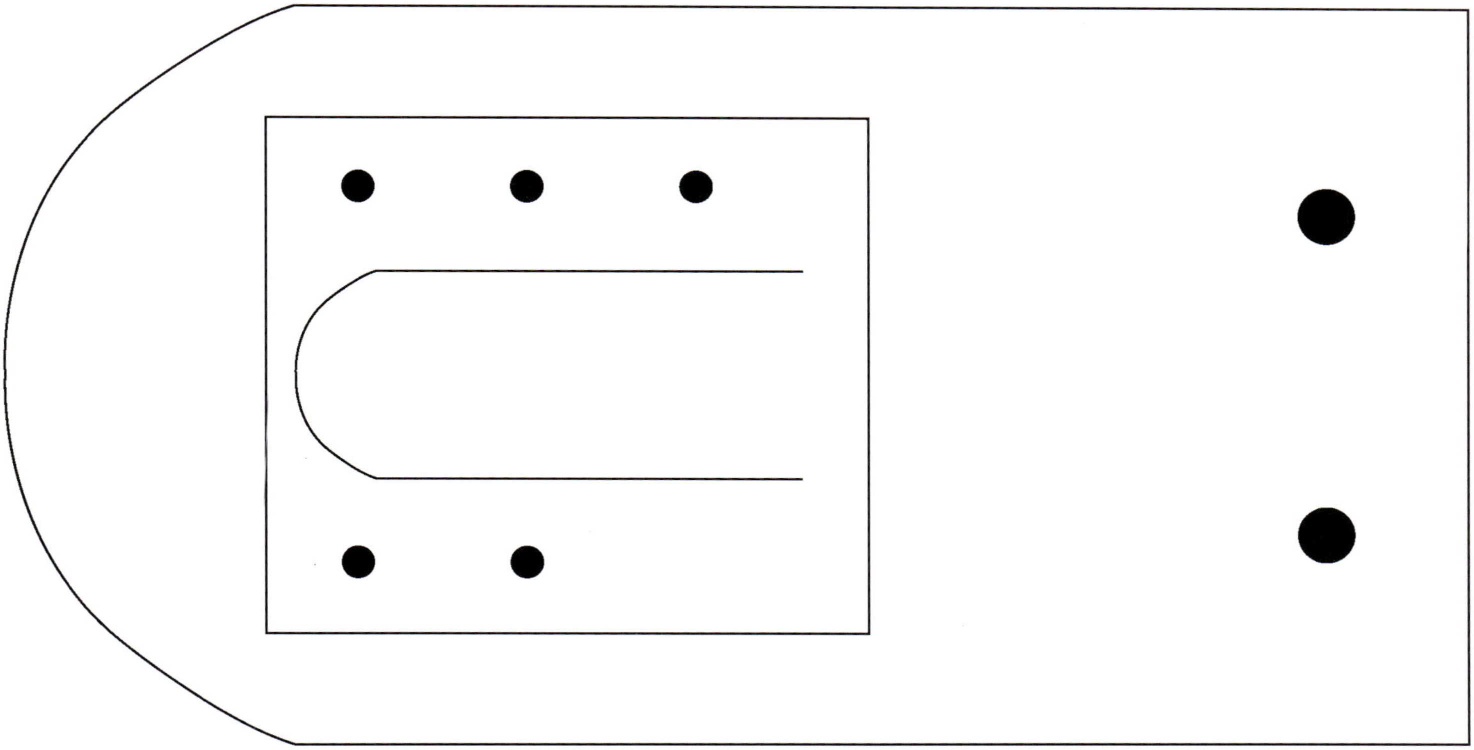

Tierische Trophäe
SEITE 76/77

Pomponschablonen

Vögel und Blumen
SEITE 87

Advents-Theater
SEITE 110

151

Kecker Nikolaus
SEITE 117

Nikolaus kommt
SEITE 114

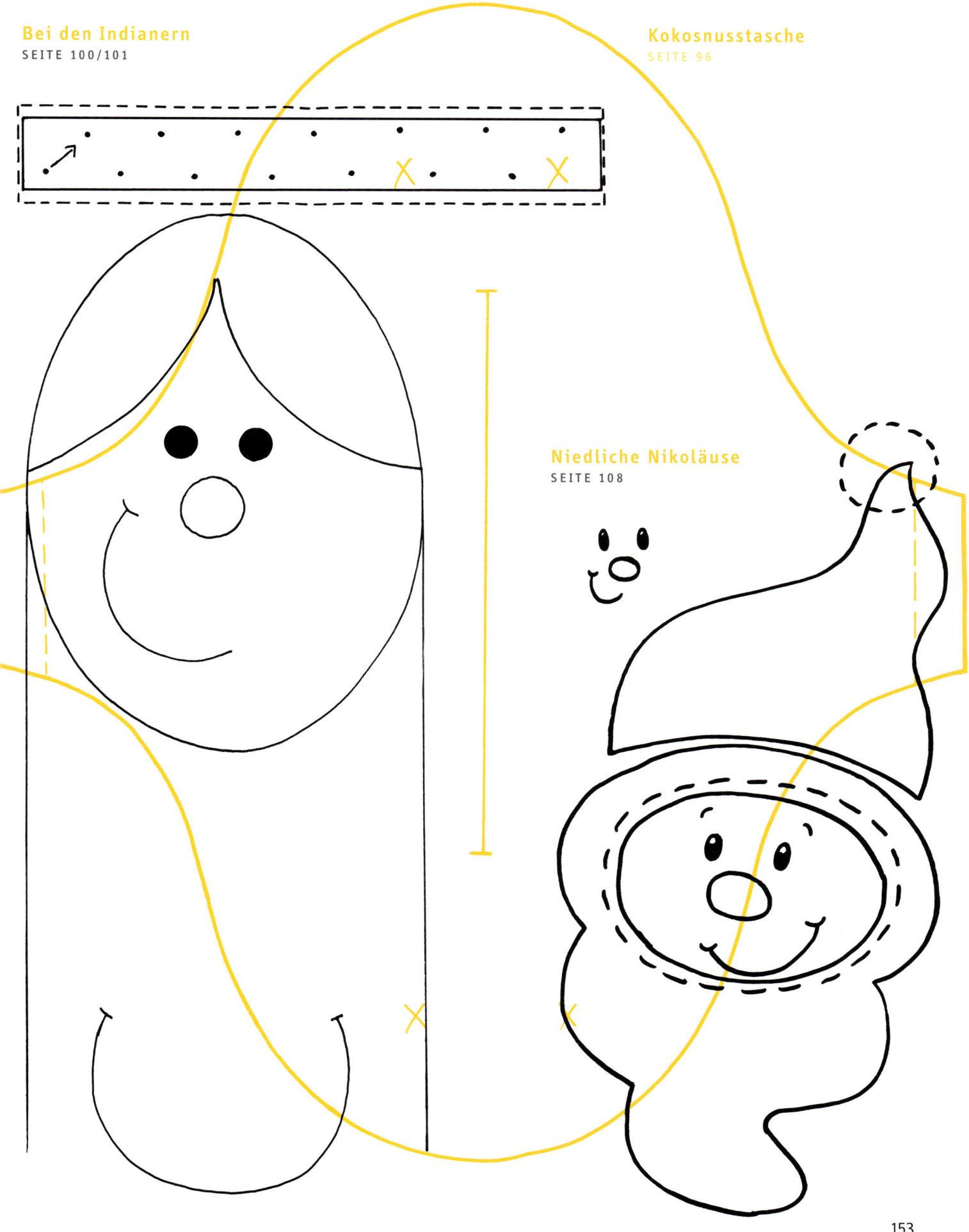

Bei den Indianern
SEITE 100/101

Kokosnusstasche
SEITE 96

Niedliche Nikoläuse
SEITE 108

Keine Langeweile
SEITE 104/105
Vorlage auf 200% vergrößern.

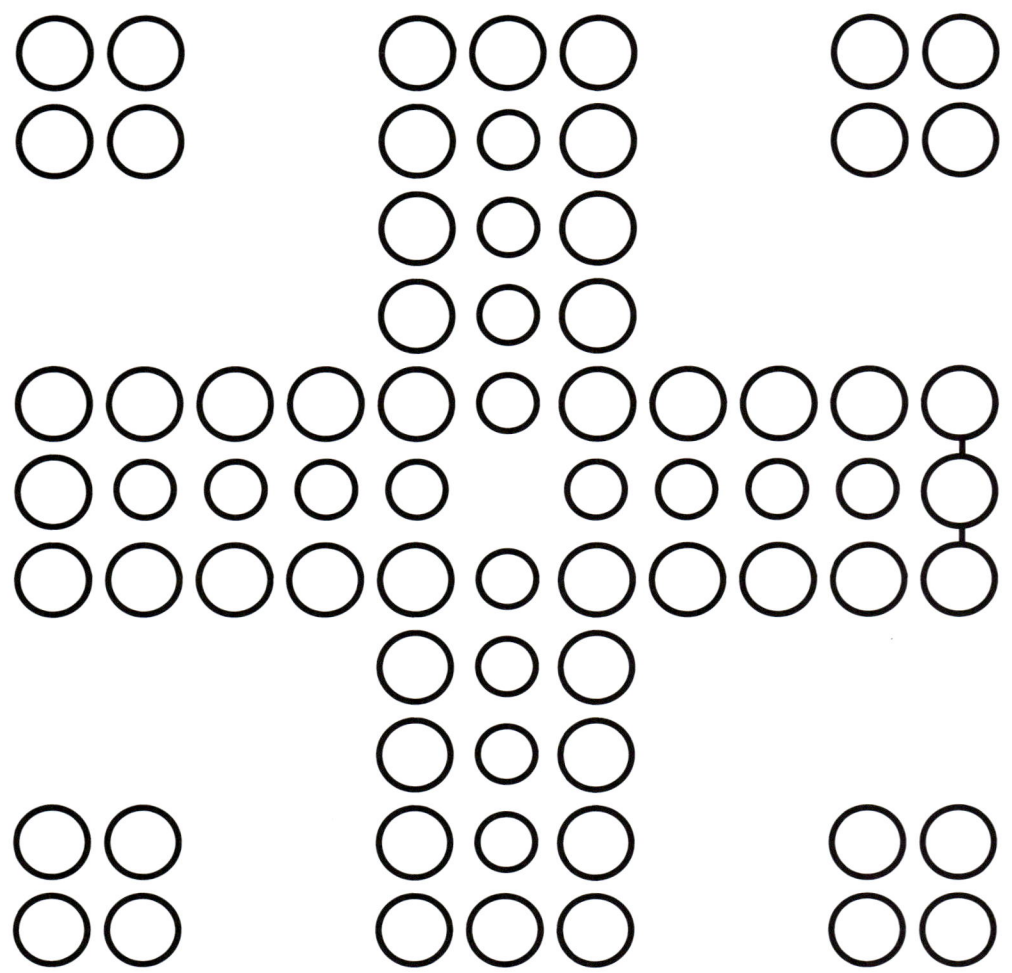

Winterboten
SEITE 109

Winterboten
SEITE 109

155

Buchtipps für dich

Basteln ist ein Abenteuer!
Spannende Neuheiten kannst du hier entdecken: **www.topp-kreativ.de**

TOPP 5783
ISBN 978-3-7724-5783-8

TOPP 5678
ISBN 978-3-7724-5678-7

TOPP 5799
ISBN 978-3-7724-5799-9

TOPP 5963
ISBN 978-3-7724-5963-4

TOPP 5873
ISBN 978-3-7724-5873-6

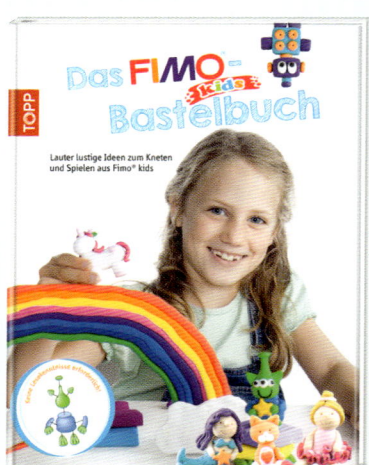

TOPP 4154
ISBN 978-3-7724-4154-7

TOPP 5764
ISBN 978-3-7724-5764-7

TOPP 5675
ISBN 978-3-7724-5675-6

TOPP 7529
ISBN 978-3-7724-7529-0

TOPP 7535
ISBN 978-3-7724-7535-1

TOPP 4131
ISBN 978-3-7724-4131-8

TOPP 4153
ISBN 978-3-7724-4153-0

TOPP 4084
ISBN 978-3-7724-4084-7

TOPP 4173
ISBN 978-3-7724-4173-8

HILFESTELLUNG ZU ALLEN FRAGEN, DIE MATERIALIEN UND BÜCHER BETREFFEN:
FRAU ERIKA NOLL BERÄT SIE. RUFEN SIE AN: 0 50 52 / 91 18 58* *normale Telefongebühren

MODELLE: Sandra Blume (S. 48); Pia Deges (S. 64, 65, 66/67, 139); Tamara Franke (S. 72/73); Stephanie Göhr und Sieglinde Holl (S. 135); Claudia Guther (S. 63); Alice Hörnecke (S. 130); Birgit Karl (S. 16/17, 20, 32, 36/37, 54/55, 108, 126/127); Irene Kornder (S. 120/121); Pascale Lamm (S. 28/29, 68, 86, 104/105); R. C. Lange (S. 38); Bianka Langnickel und Franziska Heidenreich (S. 13, 18/19, 22, 26/27, 50, 52/53, 56/57, 62, 70/71, 76/7, 78/79, 80/81, 82, 84/85, 88, 89, 90/91, 111, 134); Jean-Pierre Morlais (S. 34/35, 136/137); Pia Pedevilla (S. 24/25, 30/31, 33, 46, 49, 51, 58/59, 60/61, 69, 83, 87, 94/95, 100/101, 102/103, 109, 110, 112, 116, 124/125, 138); Gudrun Schmitt (S. 12, 40/41, 117, 122/123, 131, 133); Eva Sommer (S. 14, 23, 35, 39, 44/45, 92/93, 99, 113, 114); Christiane Steffan (S. 128/129), Hannelore Süß (S. 15, 21, 47, 96), Tanja Wechs (S. 97, 98, 118, 119), Zita Brenninger, Brixen in Südtirol (S. 115), Armin Täubner und Inge Walz (S. 132)

FOTOS: frechverlag gmbH, 70499 Stuttgart; Foto Lehner/Altvater (S. 16/17, 32, 54/55, Fotostudio Ullrich & Co., Renningen (alle Arbeitsschrittfotos vorne im Buch, S. 15, 21, 33, 39, 47, 48, 49, 60/61, 72/73, 96, 98, 108, 109, 110); Irene Kornder (S.120/121); Pascale Lamm (S. 68); Bianka Langnickel (S. 13, 22, 26/27, 39, 50, 52/53, 56/57, 62, 78/79, 82, 134); Lichtblick, Laichlingen (S. 38); lichtpunkt, Michael Ruder, Stuttgart (S. 12, 14, 18/19, 20, 23, 28/29, 34/35, 36/37, 40/41, 44/45, 46, 58/59, 63, 64, 65, 66/67, 69, 70/71, 76/7, 80/81, 84/85, 86 88, 89, 90/91, 92/93, 94/95 97 99, 100/101, 104/105, 113, 114, 115, 116, 117, 118, 119, 122/123, 124/125, 126/127, 130, 131, 132, 133, 135, 136/137,138, 139); Pia Pedevilla (S. 24/25, 30/31, 51, 83, 87, 102/103, 112); Christiane Steffan (S. 128/129)

PRODUKTMANAGEMENT: Mirjam Schilling
LEKTORAT: Melissa Brosig, Bonn, Anne-Katrin Brode
SATZ: WS-WerbeService Linke, Karlsruhe
DRUCK UND BINDUNG: Livonia Print SIA, Lettland

Materialangaben und Arbeitshinweise in diesem Buch wurden von den AutorInnen und den Mitarbeitern des Verlags sorgfältig geprüft. Eine Garantie wird jedoch nicht übernommen. AutorInnen und Verlag können für eventuell auftretende Fehler oder Schäden nicht haftbar gemacht werden. Das Werk und die darin gezeigten Modelle sind urheberrechtlich geschützt. Die Vervielfältigung und Verbreitung ist, außer für private, nicht kommerzielle Zwecke, untersagt und wird zivil- und strafrechtlich verfolgt. Dies gilt insbesondere für eine Verbreitung des Werkes durch Fotokopien, Film, Funk und Fernsehen, elektronische Medien und Internet sowie für eine gewerbliche Nutzung der gezeigten Modelle. Bei Verwendung im Unterricht und in Kursen ist auf dieses Buch hinzuweisen.

1. Auflage 2016

© 2016 frechverlag GmbH, Turbinenstraße 7, 70499 Stuttgart

ISBN 978-3-7724-7591-7
Best.-Nr. 7591